ANTIQUITÉS ÉTRUSQUES, GRECQUES ET ROMAINES.

TOME CINQUIÈME.

ANTIQUITÉS
ETRUSQUES.
GRECQUES ET ROMAINES
Gravées par F.A. David
avec leurs Explications par d'Hancarville
TOME V.
A PARIS
Chez l'Auteur, rue Pierre Sarrazin.
1785.

ANTIQUITÉS ÉTRUSQUES, GRECQUES ET ROMAINES,

Ou les beaux Vases Étrusques, Grecs et Romains, et les Peintures rendues avec les couleurs qui leur sont propres,

GRAVÉES PAR F. A. DAVID,

AVEC LEURS EXPLICATIONS,

PAR D'HANCARVILLE.

TOME CINQUIÈME.

A PARIS,
Chez l'AUTEUR, F. A. DAVID,
rue Pierre-Sarrazin, n°. 13.

M. DCC. LXXXVII.

ANTIQUITÉS ÉTRUSQUES, GRECQUES ET ROMAINES.

NOTICES HISTORIQUES

Sur l'Origine des Pélasgues, des Etrusques, des Latins, & de quelques autres anciens Peuples de l'Italie.

LA partie du Péloponèse, nommée *Drymodis*, sous les règnes de Phoroné & d'Apis, fut, bientôt après, au rapport de Pline, *Lib. iv*, *Cap. 6*, appellée *Pélasgie.* Ce nom, suivant Pausanias, *Lib.* VII, *Cap.* 2, lui vint de *Pelasgus*, l'un de ses Rois. Trois générations après lui, *Arcas*, son arrière-petit fils, donna à la plus grande partie de ce même pays, le nom d'*Arcadie.* Denys d'Halicarnasse, *Lib.* I, *Cap. iv*, dit que, sous les règnes d'*Esée* & de *Lycaon* les Peuples de cette Contrée furent aussi connus sous la domination d'*Eséens* & de *Lycaoniens*, de sorte qu'ils changèrent de noms sous cinq de leurs premiers Rois : ceux de *Pélaſgues* & d'*Arcadiens* furent, ſans contredit, les plus fameux, car les nations qui les portèrent, ſubſiſtèrent pendant une longue ſuite de ſiécles.

L'Arcadie, où le *Terme* & la *Sculpture* avec lui furent inventés dès le temps d'Apis, capable de fournir des Colonies, deux générations après *Pélaſgus*, avoit néceſſairement des Loix avant le temps de ce Prince ; car, ſans elles, la tranquillité publique & la propriété des biens particuliers ne pouvant être aſſurées, la *Population* & les *Arts* ne peuvent jamais exiſter : ainſi les Loix, inſtituées par Pélaſgus, ſuivant les Vers du Poëte Aſius, conſervés dans Pauſanias, *in Arcad.*, ne firent que perfectionner celles de ſes Prédéceſſeurs, en donnant une meilleure Police à ces peuples, à peine ſorti de l'état de ſauvage où ils vivoient avant Phoroné.

Le même eſprit, qui fit ſentir le beſoin des Loix, dût faire connoître la néceſſité de les publier, & celle de les conſerver ; de tous les moyens imaginables, l'*Ecriture*, eſt le ſeul capable de remplir, à-la-fois, ces deux importans objets. C'eſt peut-être pour en avoir fait la découverte, pour l'avoir tranſportée dans ſon pays, ou pour l'avoir ſimplement favoriſée, que *Pélaſgus* y paſſa pour le premier homme : c'étoit l'être en effet, que de mettre les autres en état de le devenir.

Les *caractères* de cette ancienne *Ecriture* prirent de ce Prince le nom de *Pélaſgues*, que portèrent auſſi les Peuples ſoumis à ſa domination ; & ce nom, ſuivant Thucydide, *de Bell. Pelop.*, s'étendit à tous les Grecs. Hérodote, *dans ſon premier Livre*, dit que la Grèce fut long-temps partagée entre deux Nations ; la première, toujours *errante*, étoit la *Pélaſgue* ; la ſeconde, toujours ſédentaire, cultivoit la P*thiotide*, ſous le règne de Deucalion : celle-ci prit, après lui, le nom d'*Hellénienne*, qui devint enſuite celui de tous les Grecs.

La Langue *Pélasgue*, d'abord commune à ces deux Nations, par la perfection qu'elle acquit chez les Héllenes, finit, à la longue, d'être en usage, comme la Langue *Romance* cessa d'être entendue, lorsque le *François* se fut perfectionné. Cependant tous les peuples de la Grèce avoient parlé le *Pélasgue* : c'est en mémoire de cette ancienne Langue, des lettres qu'elle employoit, & de la manière dont elle s'en servoit, qu'Athènes dans la suite frappa des monnoies en caractères absolument *Pélasgues*, & tracés, comme ceux de ces Peuples, de gauche à droite. Le savant M. Donati de Lucques, cité dans le grand Ouvrage de Mons. Guarnacci, *Vol. II*, *pag.* 202, en a retrouvé une avec l'épigraphe IANΞ+A.

Ces lettres sont celles que les Grecs appellèrent *Antiques*, & quelquefois *Attiques*, parce que les Pélasgues ayant habité l'Attique, les Athéniens prétendirent se faire honneur de leur découverte. Pausanias distingue très-clairement ces caractères de ceux de Cadmus, lorsqu'il dit, *in Eliac*, des *inscriptions du coffre de* Cypselus, *quelques-unes sont mélées de plusieurs lettres Antiques*, d'où l'on voit que, dans plusieurs de ces inscriptions, on avoit employé les lettres *Modernes de Cadmus*, & les lettres *Antiques de Pélasgus.* Ce mélange se trouve encore sur quelques médailles Athéniennes parvenues jusqu'à nous. Démosthène, *Orat. in Neær,* parlant d'une colonne inscrite en lettres *Attiques*, employe l'expression, *obscuris*, ou bien *evanescentibus literis Atticis*, pour exprimer que l'usage s'en étant perdu, elles étoient *obscures*, pour la plupart, ou qu'elles étoient presqu'effacées par le temps.

La *Sculpture*, découverte vers le temps d'Apis, dans le pays depuis appellé *Arcadie*, y précéda, comme on le voit, l'invention de l'*Ecriture.* En Egypte, comme en Grèce, l'idée de s'exprimer par la *Figure*, qui paroît le moyen, sans comparaison, le plus difficile, vint néanmoins avant celle d'exprimer, en employant les *caractères :* l'une est en effet, malgré l'apparence, beaucoup plus simple que l'autre ; car, étant plus facile de représenter des *figures* par des *formes* analogues, que de représenter des *sons* par des *caractères* qui n'ont point d'analogie avec eux, la découverte de la *Sculpture* & même de la *Peinture*, a certainement été moins difficile que celle de l'*Ecriture ;* & quand on conçut l'idée de celle-ci, on dut naturellement imaginer pouvoir y arriver, au moyen des *formes* ressemblantes aux objets à exprimer. C'est aussi la marche que suivit l'esprit humain chez presque tous les Peuples ; la Peinture, au rapport d'Antonio Solis, étoit la seule écriture connue des Mexicains. On ne peut regarder comme telle les *Quipos* du Pérou, dont les nœuds & les couleurs, par leurs différentes combinaisons, devoient exprimer les dates & les principaux évènemens de leur Empire. Les *Kins* des Chinois étoient quelque chose de semblable à ces *Quipos.* L'impossibilité de les perfectionner, ainsi que les Hiéroglyphes, fait voir, dans le choix des caractères employés par les anciens Grecs, comme dans l'usage qu'ils en firent pour arriver à la perfection dans tous les genres d'écrire, la supériorité marquée de leur génie sur celui de presque toutes les autres Nations.

Denys d'Halicarnasse, *Lib.* 1, *Cap.* 3, compte dix-sept générations, ou 459 ans, depuis Œnotrus, petit-fils de Pélasgus, jusqu'à la prise de Troye. Ainsi, les plus anciens caractères Grecs qui sont, comme le dit Pline, à-peu-près ceux des Latins, & par conséquent les nôtres, commencèrent d'être en usage environ 513 ans avant cette époque ; c'est presque 3472 ans avant le tems, où j'écrivis ceci avec ces mêmes caractères.

Lycaon, dit Pausanias, *Lib.* VIII, *Cap.* 2, succédant à Pélasgus, construisit Lycosure, regardée comme la plus ancienne Ville de l'Arcadie. Ses murs, comme je l'ai fait voir par un très-ancien monument, ainſi que ceux de Tirynthe, étoient probablement composés de groſſes pierres relevées les unes ſur les autres, & de cette ſorte d'Architecture aujourd'hui connue ſous le nom de Toſcane. Ce Prince montra, dans la Grèce, l'exemple des ſacrifices de ſang humain. A la mort d'Azan, ſon petit-fils, on célébra les premiers jeux funèbres. Ces deux inſtitutions donnèrent lieu à la cruelle ſuperſtition, qui, dans la ſuite, fit immoler Polixène par les Grecs ſur le tombeau d'Achille, & produiſit les combats de Gladiateurs chez les Etruſques, dont les *Livres infernaux*, *fatales*, comme les appelle Tite-Live, *Lib.* XXII, firent enterrer tout vivans un homme & une femme Grecque, avec un Gaulois & une Gauloiſe, dans le Marché Romain.

Vers les temps de Phoroné, d'Apis, de Pélaſgus & de Lycaon, on voit naître & ſortir de la *Pélaſgie* ou de l'*Arcadie*, les Arts, les Lettres, les Dieux, le Culte & même les plus anciennes Coutumes des Etruſques; toutes ces choſes, réunies enſemble, n'ayant pu ſe propager que par le moyen des Colonies, il faut bien que ces Peuples ayent tiré leur origine de la *Pélaſgie*; les faits concourent à prouver ce que le raiſonnement fait concevoir.

Œnotrus, dernier des vingt-deux fils de Lycaon, ayant, après la mort de ſon père, raſſemblé grand nombre de *Pélaſgues*, que l'on ne pouvoit alors appeller Arcadiens, puiſque l'Arcadie ne portoit pas encore ce nom, réſolut d'aller s'établir avec eux dans ce pays, que ſa ſituation, à l'Occident de la Grèce, fit dans la ſuite appeller *Heſperie*, mais qui probablement alors s'appelloit *Iperie*, *Hom. Odiſſ. Lib.* VI. Après avoir traverſé le mer Ionienne, Œnotrus aborda vers le Promontoire le plus voiſin du Péloponèſe; Peucétius, ſon frère, s'y arrêta, & fonda ſur les hautes montagnes de ce Promontoire, nommé depuis *Iapix*, la plus ancienne & la première Colonie Grecque établie en Italie. De ſon nom ce pays prit celui de Peucétie.

Œnotrus ſuivant les bords de la mer *inférieure*, traverſa le Détroit qui ſéparoit l'*Ipérie* de l'Iſle de *Trinacrie*, & laiſſa une partie de ſes gens ſur la côte voiſine. Ils y bâtirent *Pandoſie*, & nommèrent *Achéron* le Fleuve qui couloit près de ſes murs. *Une partie de cette flotte étoit compoſée de Grecs étrangers à la Pélaſgie, & qui, dans l'eſpérance d'une meilleure fortune, s'embarquèrent*, comme l'aſſure Denys d'Halicarnaſſe, *pour chercher de nouvelles terres.* Aux noms impoſés par eux à leur nouvelle habitation & au Fleuve prochain, on reconnoît qu'ils venoient de la Theſprotie d'Epire, dans laquelle on trouvoit une Ville avec un Fleuve du nom de *Pandoſie* & d'*Achéron.* Cette pratique de donner à ſa nouvelle Patrie la dénomination de l'ancienne, fut ſuivie de preſque tous les Peuples modernes, lorſqu'ils formèrent des établiſſemens en Amérique. Strabon, *Lib.* VI, appelle *Pandoſie la Capitale des Rois Œnotriens*, vraiſemblablement parce qu'elle fut la première que fondèrent ces Peuples dans le pays appellé depuis Œnotrie. Cette Ville étoit ſituée à ſix mille de l'endroit où eſt aujourd'hui Coſenſe.

Œnotrus, continuant ſa route, arriva bientôt dans le Golfe alors appellé Auſonien ; c'eſt-là que, ſuivant Ariſtoxène de Tarente, cité par Athénée, *Lib.* XIV, fut bâtie, dans la ſuite, *Poſidonia*, dont les ruines intéreſſantes ſubſiſtent encore maintenant ſous le nom de *Peſti* : ces ruines, découvertes en 1755, par un jeune Peintre que le hazard conduiſit ſur les montagnes voiſines, ſont aujourd'hui, par la ſeule beauté de leur ſingulière Architecture, l'objet de la curioſit de tous les Voyageurs intelligens.

Cette Contrée *fertile*, *mais incul & preſqu'abandonnée*, dit *Denys d'Halic.*, *Lib.* I, *Cap.* 4, étoit alors poſſédée par les Auſones,

Ausones, très-anciens Peuples dont on ne connoît ni les actions, ni l'origine, ni la fin. *Les Pélasgues*, qui commençoient à s'appeller *Œnotriens*, *éloignèrent ces Barbares de l'endroit qu'ils choisirent pour leur établissement, & bâtirent sur les montagnes prochaines quelques petites Villes à la manière de ces temps anciens.*

Cet endroit choisi par ces nouveaux possesseurs, est celui même dont les Sybarites *chassèrent depuis les habitans*, quand ils vinrent s'établir à *Posidonia*, comme Strabon, *vers la fin de son Livre* v, le dit expressément. Ces habitans chassés ne pouvoient être, par les raisons alléguées ci-dessus, que les descendans des *Pélasgues*, compagnons d'Œnotrus. Ainsi *Posidonia*, originairement fondée par une Colonie sortie de la *Pélasgie*, fut une Ville des *Œnotriens*, dont le territoire, au rapport d'Antiochus de Syracuse, s'étendoit dans tout le *Golfe* de *Pesti*, & se terminoit aux *Syrénuses*, que Pline, *Lib.* III, *Cap.* 5, place vers l'entrée du Golfe de Naples.

Le besoin de se procurer des vivres, dans un pays *inculte & presqu'abandonné*, & par conséquent sans ressource, dut attacher les Pélasgues au rivage de la mer, dont la pêche pouvoit leur fournir une nourriture abondante. La nécessité de veiller à la conservation de leurs Navires étant pour eux une raison aussi puissante que la première, ils furent donc forcés à s'établir au même endroit où *Pesti* subsiste encore à présent : bien que très-resserrée, l'enceinte de cette Ville conservée dans son entier, n'a cependant jamais été génée, ni par les Edifices qu'elle contenoit, ni par la nature de son terrein ; & si ses murs actuels ne sont pas les premiers qu'elle eut, ils sont du moins élevés sur leurs anciens fondemens. Ces murs, presque tout-à-fait réguliers, forment un trapeze, dont le plus grand côté peut être de mille pas géométriques, & le plus petit, d'environ un quart de moins : quoique faites de grosses pierres, à la manière des Pélasgues, les anciennes murailles de Pesti, dont les vestiges se voyent encore dans les modernes, furent d'abord plus propres à prévenir une surprise, qu'à la défendre d'une attaque. Aussi, dans les temps suivans, fut-on contraint d'en augmenter considérablement l'épaisseur, de sorte qu'aujourd'hui elles paroissent formées de deux murs unis, &, pour ainsi dire, plaqués l'un contre l'autre.

Des tours quarrées, très-inégalement repandues dans tout le cours de cette enceinte, ne furent pas originairement déstinées à la flanquer, mais seulement à découvrir ce qui pouvoit en approcher. Cette disposition seule, faisant voir l'enfance & les premières idées de l'art de la défense des places, suffiroit pour constater que ces murs furent élevés sur les anciens fondemens Pélasgues, & selon la manière suivie par ces Peuples, dans les temps même où ils vinrent s'établir sur cette plage.

Suivant Denys d'Halicarnasse, *Lib.* 1, *Cap.* 17., d'anciens Auteurs, dont il avoit lu les Ouvrages, prétendoient que du mot *Tyrcis*, signifiant également une *Tour*, chez les *Grecs* & les *Etrusques*, ceux-ci avoient pris le nom de *Tyrrhéniens*, *qui fit naître la manière de fortifier leurs Villes*. Comme ils portèrent ce nom, bien long-temps avant celui de *Tusciens*, qui est aussi Grec, & celui d'*Etruces* ou *Etrusques*, qui n'en diffère que par la prononciation, on seroit en droit de demander à ceux qui nient l'origine Grecque de ces Peuples, quel nom ils portèrent avant celui des *Tyrrhéniens*, car enfin, ils existoient avant de bâtir des *Tours*.

Jamais ils ne se prétendirent *indigènes* à l'Italie; ils étoient donc étrangers par rapport à elle, dont on nous assure cependant qu'ils étoient les plus anciens habitans; Antiochus de Syracuse, *très-ancien Historien*, qui dit avoir tiré *des monumens les plus antiques & les plus assurés*, ce qu'il écrivit de l'Italie, assuroit, suivant les paroles mêmes de Denys d'Halicarnasse, qu'*elle ne connoissoit point de plus anciens habitans que les Œnotriens*. Ainsi les premiers *Tyrrhéniens* ne peuvent être que les *Œnotriens* mêmes ; les Peuples, connus dans la suite sous cette domination, descendoient donc nécessairement de ceux qui s'établirent à *Pesti*. Les *Tours*, encore existantes dans ces murs, firent donner à son Golfe le nom de *Tyrrhénien*, qui caractérisoit le *Golfe* de la *Ville des Tours*, comme le nom de *Leucopetra*, donné au Promontoire le plus oriental de l'Italie, caractérisoit la couleur blanche de ses rochers. Les Colonies, sorties de ce Golfe pour aller occuper d'autres terres, gardèrent le nom de *Tyrrhéniennes*, qui devint aussi celui de toute la mer inférieure, comme du port d'*Hadria*, toute la mer supérieure fut appellée *Hadriatique*. Voilà comment, suivant Hellanicus de *Lesbos*, les Tyrrhéniens, *auparavant nommés Pélasgues, prirent cette dénomination, quand ils commencèrent à s'établir en Italie.*

Les Sybarites, après avoir dépossédé les Œnotriens de leur ancienne demeure, en furent eux-mêmes chassés, dans la suite, par les Leucaniens, comme le dit Strabon, *Lib.* v, *Sub. Fin.* Ceux-ci, dans leurs guerres contre les Romains, voulant se fortifier dans *Pesti*, employèrent, à cet effet, les débris des édifices de ses premiers Habitans. Ils entassèrent confusément & sans ordre, dans l'intérieur du contre-mur voisin de la maison appartenante aujourd'hui aux *Arcioni*, des fragmens d'*inscriptions palmaires*, dont la langue, certainement ignorée au temps de cette restauration, fit sans doute mépriser l'antiquité. Ces fragmens découverts tandis que j'étois sur les lieux, à l'occasion des pierres arrachées de ce mur pour en fabriquer une maison, prévenu, comme je l'étois, des idées puisées dans les anciens & les modernes sur l'ancienneté des *Etrusques*, me parurent d'abord appartenir à ces Peuples ; mieux examinées, ces mêmes inscriptions me semblent écrites en caractères *Pélasgues*. Dans le peu d'ordre & le mélange de leurs lettres, je crois observer celles qui paroissent tenir au premier Alphabet non encore perfectionné de cette ancienne Nation. Elles pourroient être rapportées aux premiers temps de la Colonie d'*Œnotrus*, où ces caractères encore nouveaux, n'avoient pas encore eu celui d'ordonner leurs lettres comme elles le furent dans la suite. Ces Inscriptions, si nous n'en avions pas tant d'autres preuves, constateroient l'arrivée des *Pélasgues Œnotriens*, & leur établissement dans ce pays ; elles sont peut-être les plus anciens monumens de notre Ecriture.

La Médaille d'*Athènes*, dont j'ai parlé ci-dessus, fut sans doute frappée dans les temps postérieurs, pour rappeller la mémoire de l'origine *Pélasgues* de cette ancienne Ville. Sa légende, écrite dans les caractères de ses premiers habitans, nous apprend que dans leur langue, elle s'appelloit *phistlulis* & non *pistlulis*, comme M. Mazzocchi l'a dit dans ses tables d'*Herculanum*; car la Figure, par lui prise pour un Pi, employée dans une Médaille de *Nuceria Alfaterna*, se trouvant représentée dans une autre Médaille de la même Ville par une F, ne laisse aucun doute, qu'elle ne tienne par-tout où elle est placée, la place du *phi* des Grecs ou de l'*f* des Latins. Ainsi, la monnoie d'argent avec l'épigraphe écrite de gauche à droite, doit assurémenr se lire *Fissulis*, & comme elle ne peut appartenir ni à *Pesti*, ni à *Pistorium*, elle est nécessairement celle de l'ancienne *Fiesole*, dont les Latins formèrent *Fesulae* & non *Pélusae*.

Dans le milieu du champ de cette Médaille est gravée la figure de la *Sèche*, poisson du genre des *Polipes*, fort abondant dans le *Golfe* de *Pesti*, dont elle caractérise la nature, & montre peut-être les ressources que tiroient les Habitans de ses côtes de la pêche dont ils s'occupoient. Près de la *Légende*, on voit un *Aplustre*, sorte d'ornement ordinairement placé sur la pouppe des Vaiſſeaux anciens ; il indique ici la *navigation* de la Colonie *Pélaſgue*, pour venir s'établir dans le *Golfe Tyrrhénien.* La lettre initiale du nom *Phiſtulis* ſe joint à cet *Apluſtre*, & ſemble s'appuyer ſur lui, comme en beaucoup de Médailles Grecques, on voit *Neptune* repoſer ſon pied ſur un pareil inſtrument. Cet arrangement eſt pour faire voir que *Phiſtulis* étoit ſpécialement ſous la protection de ce Dieu ; & pour achever de le marquer, on a placé ici le *Dauphin* qui en eſt le *ſymbole.*

La Figure de Neptune, frappée ſur la Médaille *incuſe* en argent de *Poſidonia*, ce nom même de *Poſidonia*, qui, dans la *Langue Grecque*, ſignifie *Ville de Neptune*, font croire que *Phiſtulis* ſignifioit la même choſe en *Langue Pélaſgue* : d'autant plus, qu'à titre d'ayeul d'Œnotrus, Fondateur de *Phiſtulis*, Pélaſgus, tenu pour fils de Jupiter & de Niobée, étoit neveu du Dieu de la mer, & ſon nom même indiquoit cet élément ; d'où il eſt croyable que les *Pélaſgues Œnotriens* devenus *navigateurs*, conſacrèrent leur Ville à ce Dieu qui, dans leur idiôme, s'appelloit *Phiſtu* ou *Phiſtul*, dénomination qui ne fut conſervée ni dans la Langue *Grecque*, ni dans la *Latine*, mais que nous retrouverons avoir exiſté pour un temps, dans celle des *Etruſques.*

La déſinance en E ou en IS, qui, chez ſes Peuples, étoit ordinairement en A & VM, d'où elle vint aux Latins & aux Etruſques, paroît devoir marquer ici le nombre plurier. Pline *Lib.* III, *Cap.* V, appelle *Phiſtulis*, nommé depuis *Poſidonia*, enſuite *Pæſtum*, *Oppida Pæſtum* ; la Médaille de *Fiéſole*, avec le nom Phiſſulis, traduit en latin par *feſulae*, confirme cette opinion, importante en ce qu'elle nous aide à reconnoître la manière dont étoient conſtruites ces deux anciennes Villes.

On déſignoit, dans les temps les plus reculés, par des noms *ſinguliers*, les Villes dont l'enceinte étoit deſtinée à contenir tous leurs Habitans : d'autres, ne renfermant dans leurs murs que les Artiſans, les Citoyens occupés du Négoce, ou bien employés à la Magiſtrature, étoient environnées de maiſons éparſes dans leur territoire, & dans leſquelles habitoient, au milieu de leurs poſſeſſions, ceux qui s'occupoient à les faire valoir. Ces maiſons, plus ou moins diſtantes les unes des autres, formoient quelquefois des *Bourgs* toujours regardés comme partie de la Ville principale. Telles furent Athènes, Syracuſe, Cumes, la plupart des Villes des Gaules; telle s'eſt conſervée celle de *Sorriento* ſur la côte orientale du *Golfe* de Naples; & telles ont été l'ancienne *Fieſole* & *Pæſti.* C'eſt la raiſon pour laquelle, dans les paſſages cités plus haut, Denys d'Halicarnaſſe diſtingue l'endroit choiſi par les Pélaſgues Œnotriens pour leur établiſſement, des petites Villes bâties ſur les montagnes de ſes environs; & c'eſt auſſi pour cela que Pline employe le terme *Oppida*, au lieu de celui d'*Oppidum*, pour déſigner *Pæſtum.*

Comme le *Dauphin* fut à-la fois le ſymbole de *Neptune* & de *Phiſtulis*, la *Chouette* fut en même temps celui de *Minerve* & d'*Athènes*; ſouvent elle ſe trouve ſeule dans ſes Médailles, alors elle y exprime tout le peuple en général, en qui réſidoit la Souveraineté. Quelquefois on voit deux Chouettes ſur ces mêmes Médailles; il s'en trouve même quelques-unes avec deux de ces oiſeaux nocturnes, dont les corps ſont réunis par une ſeule tête. Les premières repréſentent la Ville & les Bourgs dont elle étoit environnée. *Demoe apud Atticos ſunt ut apud nos Pagi*, dit Feſtus, les autres font connoître l'union, qui de ces deux parties ne faiſoit qu'un même tout; c'eſt la raiſon pour laquelle les Latins l'appellèrent *Athenæ.*

Qu'en général les monnoies des anciennes Villes, frappées avec des *légendes* en caractères inuſités au temps où on les fit, aient été deſtinés à conſerver, par ce moyen, la mémoire de leur origine, c'eſt une choſe qui ſe confirmera par la comparaiſon de ces Médailles mêmes. On en trouve encore une de *Peſti*, avec la *légende* mêlée de caractères *Grecques* &

Latins, pour montrer que, l'an 465 de Rome, une Colonie *Romaine* s'incorpora dans cette Ville à la Colonie *Grecque* & *Lucanienne*, qui l'occupoit avant elle ; ſur le champ de cette Médaille on a gravé un Génie monté ſur un *Dauphin* ; de la main droite il tient une *Couronne*, & de la gauche un *Trident* ; cet inſtrument eſt le *Symbole* de *Poſidonia* ; le Dauphin eſt celui de *Phiſtulis*, comme la Couronne eſt celui des *Lucaniens*, qui vainquirent les *Poſidoniates*.

Devenu le *Symbole* d'une Ville bâtie ſur le *Golfe Tyrrhénien*, le *Dauphin* fut lui-même, dans la ſuite, appellé *Poiſſon Tyrrhénien*. C'eſt le nom que lui donnent Ariſtote, Pline, Hygin & preſque tous les Poëtes ; de-là peut-être vint la Fable de *Tyrrhéniens* changés en *Dauphins*. C'eſt auſſi, comme on le verra dans la ſuite, la raiſon pour laquelle il ſe trouve ſur les Médailles d'*Hadria*, de *Volterre* & de *Fiéſole*.

Je ne puis m'éloigner de *Peſti* ſans communiquer à ceux de mes Lecteurs qui l'ont vu, ou le verront, des réflexions qu'ils ne trouveront nulle part, ſur les monumens curieux renfermés dans ſes ruines. Ces réflexions pourront ſervir de guide aux Voyageurs : ne les ayant pas faites, j'aurois été bien aiſe de les avoir lues la premiere fois que j'y fus.

Après avoir traverſé le *Silarus*, petit Fleuve par où l'on entre du *Picenum* dans la *Lucanie*, on découvre trois Edifices conſtruits par les *Sybarites*, autrefois établis dans *Poſidonia*. Quoique petits & d'une très-médiocre élevation, ces Edifices paroiſſent fort conſidérables, même à la diſtance de trois milles ; c'eſt un effet de la magie de leur Architecture. Le premier, diſtant de quelques cent pas du mur intérieur de cette ancienne Ville, en étant le ſeul Temple conſidérable, ainſi qu'elle même, fut ſans doute conſacré à *Neptune*.

Une Médaille incuſe de Poſidonia, d'un module ſupérieur à celui du grand bronze, mais formée d'une lame d'argent extraordinairement mince & légère, avec une empreinte d'un très-grand relief, & le nom de ΠΟΜΕ me ſemble, pour ces raiſons mêmes, n'avoir jamais pu ſervir à l'uſage du commerce; ſa légende eſt autant l'abrégé du nom de Neptune, que celui de la Ville à laquelle il donnoit ſon nom. Je la crois frappée par dévotion, uniquement pour repréſenter la figure du Dieu, ſous la forme préciſe où il étoit adoré dans ce Temble. La mer, ſur le rivage de laquelle il paroît dominer, ſouvent agitée par les vent d'Afrique, a, dans tous les temps, paſſé pour très dangereuſe. Le Neptune, deſſiné ſur la Médaille de *Poſidonia*, ſemble y repréſenter le *protecteur* de ſes Habitans contre les périls de cette mer; il s'avance avec emportement, de ſon Trident il menace les vents impétueux auxquels il s'oppoſe, tandis que de ſa main droite il appaiſe les flots ſoulevés. Qu'on ſe figure la Statue, dont cette image eſt la copie, placée dans ce Temple, tourné comme il l'eſt vers cette mer, à qui, d'un ſimple geſte de ſa main, le Dieu ſemble en impoſer, & l'on en ſentira la nobleſſe & la beauté de cette compoſition; elle paroît avoir fait naître l'idée du magnifique Vers de l'Enéide.

Quos ego : ſed motos præſtat componere fluctus.

Ce Temple, cette Médaille, cette Statue, exiſtoient bien avant Virgile; il parle de *Peſti*, & l'on ſait qu'il compoſa ſes Poëmes dans le voiſinage de cette Ville: on ſait auſſi que ſouvent on retrouve ſur les Médailles Grecques les Statues érigées aux Dieux, à l'occaſion de quelques victoires, de quelques vœux, ou de quelques faveurs qu'on croyoit avoir obtenues d'eux.

Les marches de ce Temple, preſqu'auſſi élevées que la hauteur de la jambe d'un homme ordinaire, indique, par leur hauteur même, à ceux qui les montent, l'*habitation* d'un Dieu, & ſervent de *ſoubaſſement* aux Colonnes *Doriques* qui l'entourent. Groſſières en apparence, mais très majeſtueuſes en effet, ces Colonnes

Colonnes font disparoître, par leur grandeur, la petitesse de l'Édifice dont elles font partie. Moins il avoit d'étendue, plus la Statue, qu'il renfermoit, devoit paroître grande ; car ce n'étoit pas la grandeur du Temple, mais celle du Dieu, qui devoit attirer les regards ; & la petitesse de l'un me fait juger que la masse de l'autre devoit être colossale, comme elle le paroît dans sa Médaille dont elle occupe tout le champ. Avant de laisser ce monument, on peut observer la *soffite* de son *entablement*, dont le fond des *caissons* a été détruit, vraisemblablement pour en arracher les *roses* de métal dont ils étoient ornés.

Près de-là vous trouvez les ruines d'un petit amphitéâtre de construction Romaine ; il est à peine capable de contenir deux mille personnes : la médiocrité de l'enceinte de cette Ville, celle de ses Édifices sacrés & profanes, montrent qu'elle n'a jamais été fort peuplée. En avançant cent pas plus loin, & laissant sur la gauche le chemin public, sous un tertre couvert de broussailles, on découvre les ruines d'un Temple, dont la *forme* étoit *circulaire* ; le travail des *Chapiteaux*, celui des *bases* de ses Colonnes & de quelques morceaux des frises de son entablement, sont du temps des Antonins. Quelques attributs de Diane sculptés sur ces *frises*, mais sur-tout la disposition de cette Fabrique dans laquelle on descendoit par quelques marches, montre qu'elle fut consacrée à Proserpine ou Hécate.

A quelques pas de ses ruines, on rencontre le plus grand de tous les Édifices de *Posidonia*, ses Colonnes, d'un *module* & d'une *élévation* bien plus considérables que celles du Temple de Neptune, sont également sans *base* & sans *renflement* ; leurs *cannelures* à *vive-arêtes* furent autrefois enduites d'une couche de stuc très-subtile, la *forme* de ces *Colonnes* est *pyramidale*, & leurs *Chapiteaux* sont *gigantesques*. Les deux *frontons* sont assez bien conservés, quoique celui, qui regarde la mer, ait été touché de la foudre, l'*entablement* eſt preſqu'entier. C'eſt l'*Ordonnance Dorique* dans ſa ſimplicité la plus ſublime.

Deux rangs de Colonnes, poſée l'une ſur l'autre, formoient, dans l'intérieur de cette Fabrique, une ſalle, autour de laquelle on marchoit par deux galeries, dont l'une ſupérieure étoit ſéparée de celle du deſſous par un plancher fait en bois. A cette forme, on reconnoît le *Prytanée* des Grecs. C'eſt le lieu où s'aſſembloient les Magiſtrats pour conſulter ſur les affaires publiques, recevoir les Ambaſſadeurs, & rendre la juſtice aux Citoyens. Vainement on chercheroit ailleurs une Architecture capable d'en impoſer autant que le fait celle-ci. Le deſſein peut en copier les formes, en rendre les meſures préciſes, en indiquer les proportions, mais il lui eſt impoſſible d'en repréſenter l'effet. Par-tout on trouvera des bâtimens plus étendus, plus riches, plus délicatement ornés, nulle part on n'en verra de plus majeſtueux ; le rapport des proportions de cet ordre eſt pris de celui qu'a cette ordre même avec la nature de l'Édifice ; le mécaniſme des règles ne peut jamais donner ces rapports, le génie ſeul les fait concevoir, ſeul il eſt capable de les ſentir. Il ne faut pas décrire ce monument, mais le voir & le juger, non d'après les autres Ouvrages de l'Art, mais ceux-ci d'après lui ; mis à côté, ils y paroîtroient ce que ſont l'Epigramme & les autres petits Poëmes, près de l'Iliade.

Vous verrez enſuite une *Colonnade*, dont le plan eſt preſque quarré ; c'eſt un *Leſché*, ſorte de Portique deſtiné à raſſembler & mettre à couvert les Citoyens qui vouloient s'entretenir & ſe promener enſemble. Homère parle d'un lieu de cette eſpèce ; & Pauſanias, en le citant, dit qu'*il y en avoit autrefois dans toutes les bonnes Villes de Grèce*. Pauſan. in Phocyd. Celui-ci, comme le *Pritanée*, dont on vient de parler, ſont les deux uniques monumens en ce genre, qui exiſtent aujourd'hui.

M. le Baron de Ridésel m'écrivit d'*Athènes* la surprise où le jetta la vue du *Parthénon*, dont l'Architecture est précisément celle des Edifices de *Pesti :* le plan du *Prytannée* de cette dernière Ville, ayant, à ce qui me semble, plus de cent pieds, doit être plus grand que celui du *Parthénon*, car on l'appelloit *Hécatompedon*, parce qu'il étoit précisément de cette mesure ; l'Architecture de l'un étant la même que celle de l'autre, & la grandeur de *Prytannée* étant plus considérable que celle du *Parthénon* d'Athènes, son effet ne peut être moindre. Cet effet parut si grand aux yeux des Grecs, que, suivant un fragment d'Himérius, *la construction seule du Parthénon eût suffit à la gloire de Périclès.*

Par ordre de Périclès, ce temple fameux, dit Plutarque, fut construit par *Ictinus* & *Callicrates*, sous la direction de *Phidias* même. Ainsi, sa construction doit tomber entre la seconde année de la quatre-vingt-une, & la dernière de la soixante-sixième Olympiade, car, c'est pendant le temps compris entre ces deux termes, que Périclès gouverna la République d'Athènes. L'Architecture de Pesti est donc manifestement du style des plus beaux siècles de la Grèce. Elle y fut inventée & mise en œuvre par les Artistes les plus fameux ; Vitruve, dans la Préface de son Livre VII, nous apprend qu'*Ictinus* & *Carpion publièrent un Livre sur l'Ordonnance Dorique du Temple de la Minerve d'Athènes ;* c'est la même que Lébon employa dans la construction de celui d'Olympie, dont l'un des frontons étoit sculpté par Alcamène, & où l'on voyoit la Statue colossale de Jupiter, de la main de Phidias.

Sybaris, ruinée par les *Crotoniates* dans la soixante-huitième Olympiade, fut rebâtie dans la quatre-vingt-deuxième par *Tessalus*, qui en réunit les Habitans dispersés, & lui donna le nom de *Thurium*. Périclès, dans la quatre-vingt-quatrième Olympiade, y envoya, selon Plutarque, *in Pericl.*, une

Colonie d'Athéniens, avec lesquels Lysias s'embarqua. Hérodote, alors âgé de 50 ans, y vint écrire son Histoire. Les *Sybarites* de *Posidonia* tirèrent, vraisemblablement de cette Colonie, les Architectes Athéniens, dont ils se servirent pour construire ces trois Edifices. Le *Prytannée* de *Pesti* avec des galeries en bois, paroît avoir été fait alors sur le modèle de celui d'Athènes, qui, suivant Thucydide, fut brûlé dans la sixième année de la guerre du Péloponèse, trois ans & demi après la mort de Périclés. Ainsi ces belles Fabriques, supposées faites entre la quatre-vingt-quatrième & la fin de la quatre-vingt-huitième Olympiade, existoient au moins 427 ans avant le commencement de notre Ere : elles ont donc à-peu-près, dans le temps que j'écrivis en 1775, 2202 ans d'Antiquité.

Les restes d'une très-petite Chapelle, *Sacellum*, bâtie en brique, & rasée au niveau du terrein, quelques débris d'un médiocre aqueduc près de la porte qui conduit à *Capaccio*, & quelques tombeaux peu considérables, répandus dans les fermes voisines, sont, avec ce que l'on a vu, tout ce qui reste des Antiquités de *Pesti*. Quoique seulement à neuf lieues de Salerne, elles n'ont cependant été découvertes qu'après celles de Palmyre & de Balbeck, où l'on a trouvé, avec beaucoup de peines, de soins & de dépenses, des monumens du siècle d'Aurélien. Ceux-ci sont du siècle de Phidias.

C'est de la date de la fondation de Pesti, 459 ans avant la prise de Troye, 1643 ans avant l'Ere vulgaire, qu'il faut compter l'introduction de l'*Ecriture* & de la *Sculpture* en Italie, & le nom de Tyrrhénien est à-peu-près aussi ancien.

Marcinna, située où est maintenant *Amalsi*, vraisemblablement construite pour servir d'abri aux Barques de *Pesti*, lorsque les mauvais temps les empêchoient de retourner chez elles, étoit placée vers l'extrêmité du Golphe *Tyrrhénien*, ce qui la fait regarder par Strabon , *Lib.* v , comme une Ville *Tyrrhé-nienne ;* elle eſt , à ce que je crois , la plus ancienne Colonie de ce nom ; car toutes celles qui paſsèrent les *Syrénuſes* , ceſsérent de porter celui d'Œnotriennes , & furent indépendantes des Princes qui gouvernèrent l'Œnotrie.

L'une de ces Colonies précéda de pluſieurs ſiècles à *Cumes* , celles des Euboïens ; une Médaille du Cabinet de M. Pellerin , où l'on voit l'*Hébon* de ces Peuples ; mais avec la légende Pélaſgue & les noms *Cumes* & *Linternum*, atteſte à-la-fois l'origine commune & l'alliance réciproque de ces deux Villes ; la dernière fut remarquable par la retraite & le tombeau du grand Scipion, *Valer. Max.*, *Lib.* v ; l'autre le fut encore davantage, par le grand nombre des Villes qu'elle fonda , & dont la plupart exiſte encore , maintenant qu'elle-même n'exiſte plus : ſes Colonies s'étendirent juſqu'à *Théano* ; dans les monnoies de cette Ville, ſituée à l'extrêmité de la *Campanie* , avec l'empreinte de l'*Hébon* , on retrouve les caractères *Pélaſgues* , qui , s'altérant dans la ſuite , par une conſéquence naturelle de la ſéparation de ces Peuples d'avec les *Pélaſgues Œnotriens* , formèrent les caractères & la langue des Oſques. Des cauſes Phyſiques ſemblent avoir occaſionné cette ſéparation des *Pélaſgues* de la *Campanie* de ceux de l'*Œnotrie ;* & l'on ne peut manquer d'être ſurpris de leur voir chercher d'abord le terriroire à la vérité fertile, mais peu agréable , où ils bâtirent Cumes ; tandis que, ſans quitter , pour ainſi dire , l'*Œnotrie* , ils pouvoient , à quelques milles de *Marcinna* , s'établir dans les délicieux pays, où *Maſſa* , *Sorriento* , *Caſtellamare* , *Naples* , *Pouzzol & Baia* , ſont à préſent. Toute cette côte étoit alors inhabitée , mais voici vraiſemblablement ce qui les empêcha de s'y arrêter.

Les hautes montagnes qui dominent l'endroit où étoit autrefois ſituée *Marcinna* , ſont une branche de l'*Apennin* qui lui-même en est une des *Alpes*. Elles s'étendent depuis *Salerne* jusqu'au voisinage de l'Isle de *Caprée*, & viennent se terminer au Promontoire de *Minerve*, en fermant le Golfe de *Pesti* : c'étoit autrefois l'extrêmité des terres *Œnotriennes*. Le noyau de la plupart de ces montagnes est de roc vif, dont la formation est probablement aussi ancienne que celle du monde. Une suite de rochers, situés sur le rivage oriental du Golfe de Naples, sépare ces grandes montagnes de la mer, & forment la place des *Territoires* de *Massa*, de *Sorriento*, & ceux qu'on trouve sur toute la côte, depuis *Castellamare* jusqu'aux *Syrénuses*. Ces rochers d'un tuf peu solide, & par-là même facile à travailler, du *niveau* de la mer, & sans doute depuis leur *base* jusqu'à leur *sommité*, sont par-tout remplis de *scories*, de morceaux de lave semés de distance en distance, & d'autres *corps calcinés* ou *vitrifiés* par le feu d'un volcan : ces matières inégalement accumulées en *différens temps*, évidemment repandues, en *diverses fois*, les unes sur les autres, ont manifestement été rejettées par le Vésuve qui en est voisin ; & comme elles doivent nécessairement l'avoir été avec le corps devenu solide, dans lequel elles sont à présent encastrées, il faut que la masse entière de ces rochers soit composée des cendres & des sables amoncelés avec ces matières. Cette masse s'est donc formée successivement par l'action de l'eau, celle de la pression, & paroît avoir pris avec le temps sa consistance actuelle. Les particules martiales, abondamment contenues dans ces cendres & dans ces sables brûlés, ont donné aux rochers la couleur jaune & rougeâtre qu'ils ont maintenant.

Dans l'éruption qui ensevelit *Herculanum*, *Pompeïa & Stabie*, le *Vésuve* repandit une immense quantité de *pierres-ponces* jusqu'à cette dernière Ville, distante, en droite ligne, de trois milles de son sommet ; & comme aujourd'hui, dans ses convulsions les plus violentes, il ne lance des pierres qu'à quelques centaines de pas tout au plus de sa bouche, il semble que sous le premier Consulat de Tite & de Domitien, l'action de ce Volcan fut au moins trente fois plus grande qu'elle ne l'est de nos jours. Quoique dès-lors même elle dut être quatre fois moindre qu'elle ne l'étoit au tems où elle porta ses ravages jusqu'à l'extrêmité du Promontoire de *Minerve*, située vis-à-vis l'Isle de *Caprée* ; ainsi sa violence est à présent cent vingt fois moins grande qu'elle ne le fut, quand, par ses dépôts, il entassa la matière des rochers de cette côte. Dithmar Bleffken dit que l'*Hécla* rend inhabitables, à six lieues de son sommet, les terreins de l'Islande qui en sont voisins ; à ce compte, il faut que la force de ce Volcan soit à-peu-près double de celle du Vésuve, dans les temps même où il eut sa plus grande activité, puisque les corps qu'il vomit à cette époque, ne sont pas éloignés de sa bouche de plus de trois lieues.

Au-dessus, mais à la gauche de cette longue montagne de *Pausilippe*, opposée à la côte dont je viens de parler, dans l'endroit appellé *Astroni*, on trouve, à huit milles du Vésuve, un autre *Volcan* bien plus ancien, & non moins terrible autrefois que le Vésuve même ; c'est lui, dont les explosions semblent avoir formé la plupart des montagnes situées dans ses environs, & les rochers qui s'étendent jusques vis-à-vis *Nisida* ; cette petite Isle fut elle-même un Volcan singulier, dont la bouche, ouverte au niveau de la mer, forme son port appellé *Porto Paone* ; quelques-uns la croient arrachée du Pausilippe, mais, après l'avoir examinée de près & à plusieurs fois, je crois qu'elle s'est formée d'elle-même par les seules matières qu'elle a rejettées.

La grande proximité d'*Astroni* & de la *Solfatara*, me fait regarder celle-ci comme un reste de l'ancien *Volcan*, dont le foyer paroît avoir changé de place. Les masses prodigieuses de matières vitrifiées, qui forment entre Naples & Pouzzol des rochers élevés de plus de six cens pieds, montrent la puissance incroyable des feux autrefois renfermés dans cette montagne, dont les mouvemens changèrent la face de tous les pays voisins. Ses éruptions, antérieures à celles du *Vésuve*, ne leur furent en rien inferieures, & causèrent sans doute, ainsi que celles d'*Astroni*, les mêmes désastres qui, pendant un temps, rendirent impraticables toutes les Contrées où leur projection put atteindre.

La disposition des lieux, situés à la portée de ces trois Volcans, l'état où devoient être tous ces terreins, quand les Pélasgues formèrent leurs établissemens dans l'Œnotrie, montrent pourquoi, après s'être avancés de proche en proche, depuis le Détroit de Sicile jusqu'à l'entrée du Golfe de Naples, ils furent contraints de s'arrêter, sans pouvoir s'étendre dans un Territoire, présentement, sans comparaison, plus beau que celui dont ils se contentèrent, mais alors absolument *inhabitable*. On voit aussi pourquoi, lorsqu'ils voulurent pénétrer plus avant, ils laissèrent entr'eux & l'Œnotrie, les Golfes de Naples & de Pouzzol, & leur préférèrent le rivage de Cumes.

Ces mêmes observations, en faisant connoître les raisons de la marche singulière des Peuples Œnotriens, nous font voir que, même avant leur arrivée, le *Vésuve*, encore dans toute la force dont il est capable, avoit déjà ravagé toutes les terres situées près de lui & cela, plus de 3400 ans avant le temps où j'écris ces remarques. *Astroni*, qui est un *Volcan* mort, la *Solfatare*, autre *Volcan* dans sa *décrépitude*, sont encore plus anciens, & leur existence préceda vraisemblablement, d'une longue suite de siècles, celle du Vésuve.

De la *force* & de la *violence du feu* vint, au dire de Varron, *de Ling. Latin.*, *Lib.* IV, le nom de *Volcanus*, mot qui, dans la Langue Pélasgue, signifioit probablement le plus grand feu possible. Et comme ces Peuples appellèrent la Solfatara *forum*

Volcani, de la corruption de ce mot, les modernes firent celui de *Volcan*, qui devint chez les Latins celui du Dieu du feu. Mais, de toutes les montagnes ardentes, la première, qu'on appella *Volcan*, fut la Solfatara, & celle d'où vint cette dénomination à toutes les autres.

Pour exprimer la fertilité & la richeſſe des terres où ils s'établirent, les nouveaux Habitans de *Cumes* leur donnèrent le nom d'*Opique*, du mot Pélaſgue *Ops*, qui déſignoit la Déeſſe de la terre; & comme elle étoit la ſource de tous les biens, de ce nom même les Latins, au rapport de Feſtus, firent le mot *Opes*, *Richeſſes*, d'où vinrent une infinité d'expreſſions, au propre & au figuré, dont l'origine remonte aux Langues *Oſques* & *Pélaſgues*. Ces Peuples fondèrent *Capoue* dans un terrein encore plus fertile que celui de *Cumes*, & lui donnèrent le nom de *Kannu* qu'on voit dans ſes Médailles, où l'*alpha* eſt enfermé dans le premier *Pi*; *alii à planicie Regionis*, dit Feſtus; cette dénomination ſignifioit un *Champ* par *excellence*; de-là vint le nom de *Campus*, *Campania*, chez les Latins & chez nous; Verrius rapportoit un paſſage du Poëte Ennius, où le nom des *Oſques* étoit écrit *Opſci*. On voit clairement ſa dérivation du mot *Opique*, d'où ſortirent ces Peuples voluptueux, dont les uſages déſordonnés donnèrent lieu au mot d'*Obſcénité*, encore en uſage chez nous, dans le même ſens où il le fut chez les Latins.

La ſituation de *Cumes*, baignée d'un côté par les flots de la mer, voiſine par deux autres des *lacs*, dont les reſtes ſe voyent encore dans ceux de *fuſaro* & de *licola*, la fit appeller *kyme*, ſuivant Strabon, *Lib.* v, du mot qui, de la Langue *Pélaſgue*, ſemble avoir paſſé dans la *Grecque*; il ſignifie *fl* [illegible] u être *illuvies*, qui peint encore bien mieux la poſition de la Ville dont il forme le nom.

Selon la coutume des temps les plus anciens de la

d'expliquer, comme nous l'avons fait obſerver, les *Phénomènes phyſiques, par les évènemens de leur hiſtoire particulière*; les Pélaſgues de *Cumes* donnèrent à ſes environs & à la *Solfatara*, les noms de *Champs Phlégréens*, à l'imitation de ceux de la Theſſalonie, ils prétendirent que c'étoit-là où les *Géants* avoient combattu contre les Dieux; des Theſprotiens vraiſemblablement mêlés parmi eux, donnèrent, comme ils l'avoient fait à *Pandoſie* & au *Fleuve voiſin*, les noms funeſtes d'*Averne* & *Flégéton*, au lac & au petit ruiſſeau ſitués dans leur Territoire. Ces fictions rappelloient des lieux, des actions intéreſſantes pour ces Peuples, auxquels elles retraçoient la mémoire de leur ancienne Patrie, & celle des Princes de la famille de Saturne, qui avoient occupé les mêmes pays, dont ils tiroient leur origine reconnoiſſable à ces ſeules dénominations, mais plus encore à l'inſtitution de l'*Oracle* de la Sibylle, imité de celui de Dodone, qui fut inventé par les Pélaſgues, leurs ancêtres. On voit donc que les fables, les ſuperſtitions, les caractères & la langue de ces Peuples, ſe réuniſſent ici, pour prouver leur arrivée à Cumes, bien avant celle des Euboïens.

Anthiocus de Syracuſe, cité dans le ſixième Livre de Strabon, diſoit que l'*ancienne Italie ne comprenoit que le ſeul pays des Œnotriens*. Mais avec ce même pays, la nouvelle renfermoit, comme elle le fait aujourd'hui, tous ceux qui du Golfe de Poſidonia s'étendent juſqu'aux Alpes; Strabon le dit expreſſément au commencement de ſon Liv. V. Située dans cette partie, *Cumes* étoit, en ce ſens, la plus *ancienne de toutes les Villes de l'Italie & de la Sicile*, ainſi que le dit encore Strabon, ce qui ne pouvant être vrai, ſuivant le même Auteur, que par rapport à la nouvelle Italie, montre clairement que la Colonie des Pélaſgues Cuméens, poſtérieure à celle de *Pandoſie* & des *Villes Œnotriennes*, précéda néanmoins tous les établiſſemens des Tyrrhéniens & ceux des Aborigènes, puiſque ces derniers étoient certainement situés dans la nouvelle Italie. La grande Antiquité que Strabon donne à Cumes, fait voir, contre son propre sentiment, qu'elle existoit bien avant l'arrivée des *Calchidiens* dans ces quartiers, & les Médailles de ces Peuples en font une preuve évidente; car, pour rappeller un temps de leur Ville antérieure à celui où ils vinrent l'occuper, ils employèrent des *caractères Pélasgues*, avec le *symbole* de l'Hébon, propres à marquer leur religion & leur arrivée dans cette Contrée. S'ils furent regardés comme les Fondateurs de *Cumes*, c'est parce qu'ils l'occupèrent, comme nous le dirons bientôt, quand les Pélasgues l'eurent abandonnée pour les raisons à rapporter dans la suite.

Les *Opiciens*, sous le nom d'*Osques*, fondèrent *Casilin* & *Cassinum*, qui dans leur langage signifioit une petite Ville, *Oppidum*; ils s'étendirent ensuite entre les montagnes qu'occupèrent long-tems après eux les Herniques & les Latins, & allèrent former une Colonie indépendante dans l'endroit où est maintenant *Tivoli*; une partie de cette Ville étoit encore appellée *Sicilion*, quand Denys d'Halicarnasse écrivit son Histoire. Ces Peuples prirent le nom de *Sicules*; &, comme ils tiroient leur origine de *Cumes*, & par celle de l'*Œnotrie*, cela fit dire à Anthiocus de Syracuse, que les *Sicules*, *les Morgetes & les Italiens*, *furent d'abord Œnotriens*.

Avant les *Aborigènes*, les *Sicules* eurent des établissemens dans la Sabine, & furent les pères de ceux qui, vers les sources de l'*Aterne* & du *Vélin*, fondèrent *Aveia*, *Furconium* & *Amiterne*, d'où sortirent les *Sabins*, qui donnèrent ensuite des Colonies à toute la partie inférieure de l'Italie. Le nom de *Furconium*, venant de *Paries*, indiquoit une Ville située sur les limites du Territoire de ces Peuples, comme on dit à présent, le Château de *Barre* ou celui de la *Garde*, pour exprimer l'usage de ces places destinées pour être la *barrière* ou la *garde des frontières* : du mot

Osque *Veia*, signifiant *plaustrum*, *charriot*, suivant Festus, vint le nom d'*Aveia*, distante à-peu-près d'une *traite* de *charriot* d'Amiterne, dont elle étoit à treize milles; enfin de la préposition, *propter circum*, & du nom de l'*Aterne* fut formé celui d'*Amiterne*, pour indiquer la proximité de cette rivière. Scaliger a fort bien observé que son étymologie ne peut venir d'*Amnis*, comme le dit Varron; mais celui-ci dit avec raison, que par rapport au Fleuve voisin, cette Ville prit le nom d'Amiterne. *Qui circa Aternum habitant amnem Amiterni vocantur.* Ce même Auteur trouvoit, *Lib.* v, qu'il falloit remonter jusqu'à la langue des *Osques*, pour arriver à la racine du mot *cascum*, qui chez les Sabins signifioit *vetus*. Cette communication de langage entre ces Peuples & les *Osques*, si éloignés les uns des autres, ne put avoir lieu sans une colonie intermédiaire, qui fut celle des Sicules, dont ceux d'Amiterne descendoient, & dont ils furent séparés par l'arrivée des Aborigènes.

Les *dénominations* de presque toutes les Villes, des Fleuves, des Lacs & des endroits les plus remarquables de la Sabine, étoient ou *Grecques*, ou mêlées des termes de cette langue & de la *Latine*. La position d'*Interoerée*, l'une de ses Villes, situées entre des montagnes d'un accès difficile, étoit désignée par la préposition latine *inter*, *entre*, & par le mot grec *saxum asper*, marquant les monts escarpés de son voisinage. *Curia*, *hera*, *domina*, indiquant une Capitale, devint le nom de celle des Sabins qu'on appella *Cures* ou *Curis*; sous cette même expression on entendoit le lieu de l'assemblée du Peuple d'Athènes, & l'une des divisions du Peuple Romain, d'où le mot *curia*, *cour*, paroît être resté aux *Italiens* & aux *François*, pour exprimer le *Barreau*.

Semblables à des pas, dont la trace imprimée sur une route inconnue depuis plusieurs siècles, conduiroit jusqu'à l'endroit d'où elle partoit, unies à la marche de l'Histoire, les étymologies des idiômes de ces différens Peuples, nous mènent à celui qu'on parloit dans la *Pelasgie*, où elles nous font retrouver leur *Origiue commune.* Sortie de la même source, la langue Latine dut avoir beaucoup d'analogie avec le Sabin & l'Osque : comment en effet, si la chose eût été différemment, les Sabins & les Romains se feroient-ils entendus dans cette Ville, même longtems après que ces Peuples n'existèrent plus ; car Strabon observe qu'on y jouoit encore sur les Théâtres des comédies écrites & prononcées dans l'idiôme, & suivant l'usage des anciens Osques : *nam cùm Oscorum gens defecerit, eorum lingua Romanis salva manet, ut more quodam patrio scripta poetica in Scenicum certamen perveniant Histrionesque pronuncient.* Toutes ces langues n'étoient donc que des Dialectes du Pélasgue, comme le Napolitain, le Vénitien, le Bolognois & le Génois, en sont à présent de l'Italien.

Homère donnoit le titre de *Saint* aux Pélasgues, *Divi Pelasgi*, parce qu'ils avoient institué l'oracle de Dodône ; les Sabins, possesseurs d'un Oracle tout semblable, portèrent un titre pareil, au rapport de Pline, *Lib* III, *Sabini ut quidam existimavêre à Religione & Deorum cultu Sevini appellati.* Festus rapporte que le mot *Oscum* ou *Opicum* signifioit *Sacré*, sans doute à cause de l'Oracle d'Apollon situé dans l'*Opique.* Il semble que tous ces Peuples ayent voulu consacrer le titre primitif donné à leurs ancêtres, avec la religion & les superstitions qui montrent leur commune Origine.

Les Sicules, *Originaires* de l'*Opique*, ayant déjà perdu une grande partie des terreins qu'ils occupoient, même avant la dixième génération qui suivit l'arrivée d'Œnotrus en Italie, c'est-à-dire, trois siècles avant la guerre de Troye, le temps nécessaire à toutes ces diverses Colonies pour former leur établissement, ne permet pas de fixer celui de Cumes, dont elles ſortirent ; plus tard que trois générations après Œnotrus. Ce temps ſemble, d'un autre côté, ne pouvoir être antérieur ; car alors même les Pélaſgues du Péloponèſe ſe tranſportèrent dans la Theſſalie, ſuivant Denys d'Halicarnaſſe, *Lib.* 1 ; & l'on vient de voir que ceux de Cumes, mêlées ſans doute de quelques Pélaſgues Theſſaliens, donnèrent à ſes environs des noms empruntés de ceux de cette Province ; ainſi la fondation de cette ancienne Ville remonte à 810 ans avant celle de Rome ; elle fut la ſouche d'où ſortirent les Campaniens qui s'étendirent juſqu'au-delà du *Sarne*, des Oſques, qui, ſuivant Strabon, vinrent juſqu'à *Sueſſa*, des Sicules, qui donnèrent leur nom à la *Sicile*, & par la ſuite, des Sabins, deſquels vinrent les *Marſes*, les *Herniques*, les *Eques*, les *Samnites*, les *Lucaniens*, & les *Brutiens ;* ces derniers refluant ſur l'Œnotrie, retournèrent, longtemps après l'époque dont je parle, dans le pays de leurs ancêtres, comme les Romains s'emparèrent du Latium dont ils tiroient leur origine.

Une Ville d'*Amiclée*, très-anciennement ſituée ſur le plan de *Terracine*, fut, dit Pline, *Lib.* 11, *Cap.* 3, détruite par les ſerpens. Beaucoup plus avancée ſur la côte que celle de Cumes, cette Ville fut fondée certainement après elle. Ses premiers habitans, ſuivant un uſage alors fort commun, donnèrent le nom de Troye aux lieux où ils abordèrent : celui d'Amiclée fait voir que les Peuples du Péloponèſe, dont elle tiroit ſon origine, encouragés ſans doute par les ſuccès des premières Colonies Œnotriennes, ne ceſsèrent de les renforcer, en leur envoyant de temps en temps des nouveaux Colons, invités à ſuivre les autres, par la beauté du pays qu'ils venoient habiter, & la facilité de s'y établir ; car il eſt aſſuré que l'Heſpérie, alors preſque totalement privée d'habitans, étoit couverte de bois, auxquels il faut attribuer la facilité avec laquelle ces peuplades s'établirent où elles voulurent, se séparèrent, devinrent indépendante les unes des autres, & formèrent tant de dialectes différentes.

La Grèce faisoit dans ces temps-là, ce que fit l'Espagne après la découverte de l'Amérique, elle s'épuisoit d'hommes pour en fournir à l'Italie. Ce défaut d'économie politique causa la dépopulation du pays d'où sortirent tant de Colonies. Le sanglier d'Erimanthe en Arcadie, le serpent de Lerne, le lion de Némée dans l'Argolide, la chasse de Calydon, & le grand nombre de brigands repandus par-tout, montrent que dans le siècle où vécurent Hercule & Thésée, par une suite nécessaire des émigrarions que ces pays avoient souffertes, ils étoient couverts de vastes forêts, & par conséquent peu cultivés & dénués d'habitans. Ceci nous explique comment les Œnotriens purent suffire à tant de Colonies, & comment la Grèce, en leur procurant les moyens de les fournir, se trouve, peu de temps après, dans le cas d'en avoir elle-même besoin. Au reste, ces peuplades dispersées en tant d'endroits, étoient peu considérables ; elles se logeoient dans le pays, plutôt qu'elles ne l'occupoient, jamais elles ne formèrent de grandes puissances, & l'on peut dire qu'au moins pendant long-temps, elles se mirent en possession d'une immense contrée, sans néanmoins avoir fait aucune conquête.

Ces nouveaux Colons, tendant toujours à pousser en avant leurs établissemens, parvinrent, environ un siècle & demi depuis la première émigration, à se mettre en possession de tout le pays, qui fut depuis appellé *Latin*, & même à s'étendre jusque dans celui des *Sicules*, qu'ils resserrèrent dans le petit Territoire d'*Amiterne*. La forme de leurs habitations, fondée en des lieux élevés à la manière des Arcadiens, comme le remarque Denys d'Halicarnasse, *Lib.* 1, du mot Op., qui signifie montagne, leur fit donner dans la suite le nom d'*Aborigènes*.

L'Auteur que je viens de citer, ayant suffisamment montré leur descendance des Œnotriens, par leurs coutumes, leurs loix & leurs cérémonies religieuses; les Livres de Caton & de Sempronius, qui nous manquent, reconnoissant d'ailleurs l'origine Grecque de ces Peuples, il seroit superflu de s'étendre ici sur toutes ces choses.

Les Aborigènes, parcourant les montagnes aux pieds desquels s'étendent les *Marais Pontins*, y firent plusieurs établissemens. Des monnoies de *Vélétri*, d'où ses habitans prirent le nom de *Volsques*, montrent que, comme les Rutules & les Latins, ils étoient d'origine Pélasgue. Ce furent eux qui repeuplèrent *Amyclée*, leur ancienne Patrie: le mot d'*Axur*, suivant Servius, signifiant *jeune*, *imberbis*, dans leur langage, fut donné à Jupiter, protecteur de cette Ville renouvellée, pour montrer que dans sa *jeunesse* elle avoit fondé la Colonie qui, par reconnoissance, la rétablit ensuite sous le nom d'*Anxur*. *Vulsculus perdidit Anxur*, Ennius *apud Fest.*

C'est à ces différentes peuplades, indépendantes les unes des autres, & repandues sur les montagnes du pays depuis appellé *Latinum*, que *Saturne* donna des loix, au moyen desquelles il les réunit pour un temps.

Id genus indocile & dispersum montibus altis,
Composuit legesque dedit.

VIRGIL., *Æneid.*, *Lib.* VIII.

Saturne & Janus sont les plus anciens Rois dont l'Histoire des Aborigènes nous ait conservé les noms; leurs institutions, leurs loix, leur réputation, l'estime où il furent, & leur Apothéose, montrent qu'ils gouvernèrent ces Peuples avec beaucoup de sagesse, très peu de temps après leur sortie de l'Œnotrie. Suivant le très-ancien usage des Grecs, de déifier les Princes de leur Nation,

Nation, & les Hommes les plus remarquables par leurs vertus ; leurs talens ou leurs belles actions, les Aborigènes déifièrent Saturne & Janus ; ils firent dans la suite le même honneur au Troyen Enée, à qui ils donnèrent le nom de *Jupiter indigète. Jovem indigetem appellant*, *Lib.* I Ces Dieux *indigètes*, de quelque nom qu'on les décorât, n'étoient pas comptés parmi les grandes Divinités ; ils jouissoient seulement, disoit-on, d'une *vie très-longue*, sans être pour cela regardés comme *immortels*, *longo perpetuoque ævo potiturum*, disoit *Apollinaris*, en parlant d'Enée, *sed aliud tamen est*, ajoute Aulu-Gelle, *Lib.* II, *longævum ævum aliud perpetuum, neque Dei longævi appellantur, sed immortales.* Voilà pourquoi Virgile ne donne au Saturne, Roi des Arborigènes, que le titre de *senex.*

Saturnusque senex, Janique bifrontis imago.

Ces Princes ne furent donc considérés d'abord que comme des Dieux *indigètes* ; & le nom de Saturne paroît avoir été imposé à l'un d'eux, par rapport au grand âge où il parvint, *quòd saturetur annis*, dit Cicéron, *de nat Deor.*, *Lib.* II Sa vieillesse & l'étimologie de ce nom le faisant confondre dans la suite avec le Κρόνος des Grecs, ce dernier fut aussi appellé Saturne, & l'on attribua bientôt à l'autre les évènemens de la vie de ce Prince Titan, bien qu'ils n'eussent rien de commun entr'eux, ayant vécus en des temps & en des pays assez éloignés : de-là vint la Fable de l'arrivée de Saturne, père des Dieux, en Italie, qui fut même appellé *Saturnie*, quoique ce voyage n'eût aucun fondement dans l'Histoire, mais effectivement parce que le Saturne Aborigène en gouverna une très-petite partie.

Pour donner à ce Saturne & à Janus quelqu'emploi relatif à leur nouvelle *Divinité*, on supposa que l'un présidoit au temps ; & l'autre au cours de l'année ; parce que dans leurs réglemens ils donnèrent peut-être quelqu'espèce de forme à l'année civile. Ces mêmes Peuples firent aussi présider leur *Jupiter indigète* aux eaux du Fleuve *Numicius*, près duquel ils lui érigèrent un petit Temple avec l'inscription curieuse : *Patri Deo indigeti qui Numici Amnis undas regit.* Ce monument singulier, encore existant au temps de Denys d'Halicarnasse, montre que la langue latine n'étant pas encore totalement formée dans le siècle postérieur à la guerre de Troye, quelquefois on négligeoit de se servir des langues Pélasgues, Osques, Etrusques, alors en usage, pour employer celle des Grecs déjà perfectionnée : cette coutume durant encore près de six cens ans après, fut suivie sous le règne de Servius Tullius, comme on l'a pu voir au commencement de ce discours.

Le mélange de ces Fables Grecques & Latines, venu de l'ambition qu'eurent ces anciens Peuples de faire remonter leur origine jusqu'aux Dieux, a fait douter si Janus précéda Saturne ; ce dernier paroît cependant avoir régné avant l'autre. Mais ce qu'il nous importeroit bien plus de savoir, c'est le temps où ils vécurent ; car il détermineroit à-peu-près celui de l'établissement des Aborigènes ; voici quelques recherches à ce sujet.

Janus, au rapport de Plutarque, *Quest. Rom.* XI, vint de la Perrhébie, Province de l'Hémonie, où les Pélasgues du Péloponèse s'établirent, suivant Denys d'Halicarnasse, *Lib.* I, *Cap.* IX, six générations après Pélasgus, c'est-à-dire, quatre-vingt ans après l'émigration d'Œnotrus ; ils y vécurent tranquilles pendant cinq autres générations, après lesquelles les Curètes & les Léléges les obligèrent d'abandonner la Thessalie dont ils s'emparèrent. Peu après ce temps de troubles, Janus s'embarqua pour l'Hespérie, dans l'espérance d'y trouver un asyle chez des peuples nouvellement établis, dans un pays abondant, où les hommes manquoient à la terre. Depuis plus d'un ſiècle les Grecs donnoient à Cécrops le nom de *Diphyès biformis*, parce qu'il appartenoit, comme nous l'avons dit ailleurs, à deux Nations; Janus tenant à la Perrhébie dont il ſortoit, & à l'Aborigénie où il ſe rendit très-illuſtre, y fut appellé *Bifrons*. Ces deux *expreſſions* ſignifiant juſtement la même choſe, les anciennes médailles repréſentèrent ces deux principes préciſément de la même manière, c'eſt-à-dire, avec deux viſages: Haym. *Thèſ. Britann.*, Vol. I, en cite une de Cécrops; celles de Janus ſe trouvent entre les mains de tout le monde.

Dans la vie de Théſée, Plutarque dit, en parlant des inſtitutions de ce Héros, qu'il fit fabriquer des monnoies avec l'empreinte d'un *Bœuf*, *en mémoire du Taureau de Marathon ou de celui de Crète*, *ou pour exciter ſes citoyens au labourage.* Ces monnoies, ajoute-t-il, furent depuis appellées Hécatombœon on Decabœon, c'eſt-à-dire, valant cent ou dix bœufs. Delà ſans doute l'expreſſion, payer vingt ou trente bœufs, qui ne déſigne qu'une monnoie avec une ou pluſieurs empreintes de cet animal, ou plutôt avec une ſeule de ces empreintes & des lettres propres à marquer les nombres vingt ou trente; c'eſt ainſi qu'à Naples, par vingt ou trente *onces* d'or, on indique une monnoie d'or très-légère, & fort inférieure en poids comme en valeur, à l'*once* d'or qu'elle paroît exprimer; Plutarque n'attribuant pas à Théſée l'*invention* de marquer les monnoies, mais ſeulement celle de les marquer avec la figure d'un bœuf, il paroît manifeſte qu'il la regardoit comme antérieure à ce Prince.

Julius Pollux, *Onomaſtic.*, *Lib.* IX, *Cap.* 19, rapporte que les Lydiens & les habitans de Naxe ſe diſputoient cette *invention*, réclamée par les Athéniens & les Lyciens, qui l'attribuoient à Erictonius, quatrième ſucceſſeur de Cécrops. Sur une monnoie d'Athène qu'on n'a pas encore expliquée, on voit une tête barbue, dont l'occiput est formé par un visage de femme, avec une corne de chevre ; c'est, je crois, Minerve *Ægioca*, & comme elle fut mère d'Ericthonius, c'est vraisemblablement lui que dans cette Médaille on a voulu désigner comme *inventeur* des monnoies, & faire reconnoître par-là la Déesse dont il étoit fils. De même que celles de Thésée, ces monnoies ne ressembloient peut-être pas à celles que Phidon d'Argos frappa dans la suite. C'étoient des barres de métal semblables aux verges d'or, apportés du Brésil & du Mexique en Espagne & en Portugal, ou comme ces plateaux de cuivre marqués aux armes de la Suède sous le règne de Charles XII.

Dracon de Coryre, cité par Athénée, *Lib.* xv, dit que Janus, *né dans la Perrhébie*, ayant inventé les *couronnes*, les *vaisseaux*, & marqué les premières *monnoies de cuivre*, les Grecs, les Italiens & les Siciliens le représentèrent sur les leurs avec deux *visages*, & mirent aux revers une *couronne* ou un *Vaisseau*; grand nombre de Médailles frappées en Grèce, en Italie & en Sicile confirment la relation de cet Ecrivain.

Il paroît donc, par les monumens & les témoignages des Auteurs, que les Italiens, les Siciliens & la plus grande partie des Grecs attribuoient l'invention de la marque des monnoies à Janus, mais que les Athéniens en faisoient honneur à leur Ericthonius; ce Prince, suivant la chronique d'Eusèbe, commence son règne 69 ans après l'arrivée de Cécrops, qui régnoit une génération après Œnotrus : Ericthonius vécut par conséquent vers la fin de la quatrième génération, après l'émigration des Pélasgues Œnotriens. C'est précisément alors que, suivant Denys d'Halicarnasse, d'autres Pélasgues se transportèrent du Péloponèse dans l'Hémonie, d'où Janus partit pour venir dans l'Hespérie. Ainsi l'invention de la marque de monnoies, trouvée probablement en Grèce par Janus, dans le temps d'Ericthonius, portée par le premier dans le pays où il ſe retira, fut dans le même temps employée par les Habitans de l'Attique, d'où vint que cette invention fut attribuée à ces deux principes ; Saturne fut donc contemporain du quatrième Roi d'Athènes, & Janus dut régner dans la cinquième génération après Œnotrus ; conſéquemment l'établiſſement des Aborigènes ne peut être poſtérieur que de très-peu de temps à celui de Cumes.

Comme la Monnoie d'Erhiſtonius, celle de Janus n'étoit faite que des barres de métal, ſur leſquelles on imprimoit quelques figures, il nous en reſte encore dans pluſieurs recueils ; Montfauçon & pluſieurs Auteurs en donnent les deſſins. Cependant on en voit quelques unes de rondes frappées avec l'effigie de Janus, de très-grands reliefs, & d'un poids conſidérable ; le *Muſæum* Capponi en poſſédoit une qui peſoit quarante onces ; quant au vaiſſeau ordinairement empreint ſur ces ſortes de monnoies, Plutarque *Queſt. Rom.* XLI, dit qu'il fut mis en mémoire de la navigation de ce Prince pour venir en Italie, ou de celle du Tibre dont il ſe ſervit pour procurer quelque commerce à ſes peuples.

Ainſi, plus de trois cens vingt-quatre ans avant la priſe de Troye, l'Art de graver les métaux en creux, celui de faire des poinçons, enfin celui de les frapper ſur le cuivre, exiſtoit en Italie, où la Sculpture & l'Ecriture furent apportées cent trente-cinq ans plutôt. J'ai dit que Janus inventa cet Art en Grèce ; le mot *Numus*, employé par les Latins, venant, comme le dit Feſtus, du mot Νόμισμα, prouve ſon origine Grecque : c'eſt effectivement dans le temps de Janus & d'Ericthonius, que les Langues Grecques & Latines commencèrent à ſe diſtinguer de la Pélaſgue dont elles ſortoient, puiſque c'eſt environ un ſiècle avant Phémonoé, & que dès-lors les Aborigènes, depuis appellés Latins, commençoient à former un Peuple policé.

Telle fut l'origine & l'ancienneté de la Colonie des Aborigènes, qui dut être établie au plus tard quatre ou cinq générations après Œnotrus ; c'est d'elle que sortirent les Romains dont la domination s'étendit sur la plus grande partie de l'Europe, & sur de vastes contrées de l'Asie & de l'Afrique.

Comme les noms donnés aux environs de Cumes, semblent montrer que la Colonie des Osques fut fondée par les Pélasgues de Pandosie, mêlés des Thesprotiens venus avec eux du temps d'Œnotrus, & de Thessaliens, qui peut-être vinrent ensuite s'unir à cette Colonie ; ainsi les dénominations d'Amyclée, de Pallantium & de quelques autres Villes des Arborigènes, paroissent indiquer que leur Colonie fut principalement composée de Pélasgues sortis de l'Arcadie & de la Laconie avec Œnotrus, renforcés depuis par d'autres Grecs venus de l'Hémonie. Ces Peuples réunis occupèrent toute la côte de la Nouvelle-Italie, jusqu'au-delà du Tibre, où Janus fit un petit établissement sur la rive gauche de ce Fleuve, & donna son nom au mont *Janicule*, comme Saturne avoit donné le sien au monticule depuis appellé *Capitolin*. Une troisièm Colonie, sortie de l'Œnotrie après les Aborigènes, les trouvant en possession de toute cette partie de l'Italie, qui s'étend jusqu'au Tibre, alla s'établir plus loin, dans un pays alors entiérement abandonné.

Cette Colonie, partie du Golfe Tyrrhénien, en prit le nom ; elle paroît totalement formée des descendans de ces Pélasgues qui abordèrent dans ce Golfe avec Œnotrus ; c'est la raison pourquoi elle conserva, plus que toutes les autres, les mœurs des Arcadiens, du temps de Lycaon, quoique son plus grand éloignement causât, dans la Langue Pélasgue qu'elle parloit d'abord, une plus grande altération que celle qu'elle reçut chez les *Osques* & les *Aborigènes*. Cependant le titre de *Lucumons*, toujours conservé au Prince ou Chef de cette Colonie, venoit de l'Arcadie, selon la remarque de Scaliger, *ad not. in Varr. de*

Ling. Lat., *& tamen origo Græca ; nam in Latio Lucumones ii ſunt qui in Arcadia.* La Médaille de *Fiéſole*, l'une des plus anciennes Villes *Méditerranées des Tyrrhéniens*, ayant conſervé préciſément le même revers que celle de *Peſli*, gardant comme elle l'empreinte de la *Sêche* avec le *Dauphin*, & malgré la grande diſtance où elle étoit de la mer, portant l'Apluſtre, autre ſymbole de Neptune, montre clairement ſon origine Œnotrienne, & nous fait voir en même temps, que comme *Phiſtulis*, ſa *Métropole*, cette Ville fut conſacrée à *Neptune*, dont elle porta le nom ; car Phiſſul n'eſt qu'une altération du nom primitif de Phiſtul, qui étoit, comme on l'a vu, celui de ce *Dieu*.

Strabon, *Lib.* v, fondé ſur des traditions antérieures à lui, dit qu'un petit fils d'Hercule & d'Omphale, nommé Tyrrhénus, obligé d'abandonner la Lydie, arriva vers l'endroit où, par ſon ordre, Tarchon bâtit *Tarquinium*, & qu'il donna le nom de *Tyrrhénienne* à toute cette Contrée. Ce Tyrrhénien, étant petit-fils d'Hercule, devoit vivre vers le temps de la guerre de Troye, ou du moins peu avant cette époque. En adoptant cette opinion peu vraiſemblable, les Tyrrhéniens ſeroient un Peuple fort moderne, en comparaiſon des Œnotriens, des Oſques & des Aborigènes ; mais pour montrer qu'ils n'avoient pas reçu leur nom de Tyrrhénus, ces mêmes Tyrrhéniens pouvoient prouver par titres très-authentiques, que plus de deux ſiècles avant lui, ils étoient déjà des *voleurs* fameux, ainſi que les appelle Homère dans ſon Hymne à Bacchus.

Ce qui ne pouvoit être, ſi dès-lors ils n'euſſent eu des établiſſemens fixes, propres à dépoſer les produits de leur *piraterie*. Et comme le Bacchus, fils de Sémélé, dont il eſt parlé dans cette Hymne, naquit cent ans après Ericthonius ; il faut néceſſairement que ces établiſſemens Tyrrhéniens ſe ſoient formés peu après ceux des Aborigènes, c'eſt-à-dire, vers la cinq ou ſixième génération depuis Œnotrus, plus de deux cens soixante-dix ans avant la prise de Troye. Cette Fable de Strabon est donc absolument sans consistance ; car Tyrrhénus ne put donner à ces Peuples un nom, sous lequel il est démontré qu'ils voloient plus de deux siècles avant lui.

Ainsi les Pélasgues, les Osques, les Sabins, & pour les mêmes raisons, les Tyrrhéniens, furent appellés *Divins*, *pour marquer*, suivant Denys d'Halicarnasse, *leur profonde connoissance des choses sacrées*; ce nom, d'où vinrent ceux de *Thusciens*, *Toscans ou Etrusques*, justifie les anciens Historiens, qui firent descendre ces Peuples des premiers Pélasgues. Hérodote, peu content de faire jeûner pendant long-tems les Lydiens de deux jours l'un, pour remédier à la disette où ils se trouvoient, fait encore embarquer, dans ces circonstances, une partie de leur Nation, sous la conduite de Tyrrhénus, fils de Manès, petit-fils de Jupiter & de la Terre, pour venir chercher du pain en Eturie ; ce conte, plus absurde que tous ceux des mille & une nuits, n'est rapporté ici que pour faire sentir combien d'extravagances a fait écrire le desir de trouver aux Etrusques une origine différente de celle qu'ils tirèrent de l'Œnotrie.

Pyrges, *Pyrgi*, distante de quinze milles, ou cent quatre-vingt stades de l'embouchure du Tibre, semble avoir été le premier endroit, où les Tyrrhéniens se fixèrent ; c'est pourquoi Virgile, *Lib*, x, donne à ses Habitans le nom de *Pyrgi veteres*.

Et Pyrgi, intempestæque Graviscæ.

Dans le petit Havre où ils s'arrêtèrent, on voit encore une *Tour*; ils appellèrent ce lieu d'un nom analogue au leur, & comme lui, tiré de la Langue Pélasgue, d'où il passa dans la Langue Grecque, & signifie *Tour*. Le petit bourg, bâti sur cette

cette plage, y servoit d'asyle à leurs barques, & dans son nom même on reconnoît leur manière de se fortifier, dont parle Denys d'Halicarnasse déjà cité sur ce sujet.

Peu après, ils fondèrent une Ville plus considérable, où ils établirent la demeure de leurs *Chefs*; c'est *Varcona* : les Latins, qui altérèrent tous les noms, lui donnèrent, dans la suite, celui de *Tarquinium*. Mais le premier qu'elle porta, correspondant manifestement au mot *Dux*, *Princeps*, *Conducteur*, *Prince*, nous montre qu'elle fut la *Résidence* & la *Capitale* des premiers Princes Tyrrhéniens. L'V, ajouté, signifie peut-être comme dans *Vetulonium*, *Vetl Arcona*, la *vieille Capitale*. Par une suite de l'erreur, précédemment réfutée, Strabon la croit construite par un certain Tarchon, fondateur des douze Villes principales de l'Etrurie, comme si la chose eût été possible à des Lydiens en petit nombre, errans, chassés de leur pays, & venus de si loin, dans un temps où le peu de connoissance de la navigation faisoit de ce voyage un voyage plus long que ne le seroit pour nous celui des Indes Orientales. Outre l'impossibilité de la chose, il est encore prouvé que tout ce pays étoit peuplé au temps où l'on suppose ce Tarchon; car les Pélasgues, venus de Dodône & de la Thessalie, y avoient déjà fondé, comme on le verra bientôt, les Villes d'*Agylle*, de *Saturnie*, de *Pise*, d'*Alsium*, & quelques autres, comme le dit Denys d'Halicarnasse, *Lib.* 1, *Cap.* 12.

Cependant, dans cette Fable même de Strabon, on entrevoit que *Tarquinium* fut en effet la plus ancienne des douze Villes principales bâties par les Tyrrhéniens, & que vraisemblablement des Colonies sorties de chez elle, allèrent en fonder plusieurs autres. Elle devint très-illustre, & eut, dans la suite, de grandes relations avec Corinthe, puisque Démarate s'y retira quand les *Bacchiades* en furent chassés par *Cypsélus*, *Herod.*, *Lib.* v. Ce Démarate & Tarquin, son fils, contribuèrent à son embelliſſement, l'un en y conduiſant grand nombre d'habiles Artiſtes venus de Grèce avec lui, l'autre en lui procurant la faveur de Rome, qui tira d'elle, au rapport de Strabon, *Lib.* v, les ornemens de ſa Magiſtrature, ſa Muſique, ſes Rites ſacrés & ſes Augures; c'eſt dans le territoire de *Tarquinium*, dit Ciceron, *de Divinit.*, que *Tagès* ſortit de la terre : ainſi, ce fut dans cette Ville où la charlatanerie de la *Devination* fut réduite en Art par ce même *Tagès*.

Volſinium, ſitué près d'un Lac, vers l'endroit où eſt aujourd'hui *Bolſena*, entre l'Apennin, à peu de diſtance de la mer, paroît avoir été l'un des premiers établiſſemens Tyrrhéniens. C'eſt-là, dit Pline, qu'on trouva les *Meules tournantes*, *verſatiles*, *Molas Volſiniis inventas*, *aliquas & ſpontè motas invenimus in prodigiis*, *Lib.* XXXVI, *Cap.* XVIII. Une *roue*, gravée ſur les anciennes monnoies de cette Ville, y eſt ſans doute placée, pour lui conſerver l'honneur de cette utile invention. L'V, qui le repréſente, formant toute l'*épigraphe* de ces monnoies, il ſemble qu'on ait voulu laiſſer ſuppléer le reſte du mot, par l'idée du mouvement de cette *roue*, propre à marquer la fin du nom de *Volſinium*; car il vient évidemment de *volvere*, *tourner*, paſſer du Pélaſgue dans les Latins.

Empreinte ſur les Médailles de *Vétulonium*, autre Ville Tyrrhénienne, cette même *roue* ſemble y marquer qu'elle tiroit ſon origine de *Volſinium*. Au revers de quelques-unes de ces Médailles, on voit, près d'un *ancre* de Navire, le *croiſſant*, ſymbole de la *Lune*; ce même *croiſſant* ſe retrouve ſur les monnoies de *Populonium*, près de la *chouette*, autre ſymbole de *Diane* ou de la *Lune*, en ce qu'elle eſt un oiſeau nocturne. L'*épigraphe* de ces dernières étant *Pupluna*, nous a conſervé deux mots de l'ancienne Langue Pélaſgue, altérée par les Tyrrhéniens. L'une eſt *Pupl*, dont les Latins firent *Populus*, l'autre eſt *Luna*, qui chez eux comme chez nous ſignifia *Lune*.

Le nom de *Populonium* indiquoit donc originairement le *peuple* de la *Lune*, & cette Ville étoit consacrée à *Diane*, comme Posidonia l'étoit à *Neptune*. Du mot Pélasgue ou Etrusque *Pupluna*, les Romains ayant fait *Populonium*, ils firent sur le même principe *Vêtulonium*, du mot *Vet Luna*, ou *Vetus Luna*, exprimant l'*ancienne Luna*, & *Vetulonium*, fut sans doute, par rapport à cette *nouvelle* Ville, maintenant *Luni*, ce qu'étoit Naples, *Neapolis*, à l'égard de *Palæpolis*. Ainsi, cette Ville où *Diane* étoit adorée, Colonie de *Volsinium*, devint ensuite la Métropole de *Luna*, & peut être de *Populonium*. Bien que Méditerranée *Vetulonium* portoit un ancre sur ses monnoies, comme *Fiésole* y portoit un Aplustre, pour indiquer qu'elles tiroient l'une & l'autre leur première origine d'une Ville maritime, c'est vraisemblablement *Phiſtulis*. Mais ce qui me semble très-remarquable sur la Médaille de *Luni*, c'est l'attribut ou plutôt le *Bœtile* de *Gérès*, considérée comme *Diane*, tel précisément qu'il est représenté dans les Peintures expliquées dans cet Ouvrage.

Comme *Phiſtulis* & *Phiſſulis*, *Vetulonium*, *Populonium* & *Luna*, prirent leurs noms de ceux de leurs *Divinités* principales. *Tuder*, à présent *Todi*, fut dans le même cas; les deux *massues* dessinées sur ses Médailles, entre lesquelles on voit le nom *Tutere*, montrent qu'elle fut sous la protection spéciale d'Hercule, & du mot *Tutere*, dont les Latins firent Tutéla, vint probablement la dénomination de cette Ville sûrement *Aborigène*, mais différente de *Tiore*, célèbre chez ces peuples par l'*Oracle* de *Mars*; la main éployée, armée d'un *ceste*, mise en revers de quelques Médailles de *Todi*, montre l'application de ses citoyens à la *Gymnastique*, dont Hercule étoit le Dieu *tutélaire*. Du nom de Mars vint aussi celui d'*Aretium*, *Arezzo*, remarquable en ce qu'il me semble rappeller une très-ancienne coutume qui donne lieu à la fondation de cette Ville , comme à celle de *Péruge* & de *Cortone*, dont elle est peu distante.

C'étoit, dit Denys d'Halicarnasse, un usage autrefois commun aux Grecs & aux Barbares, de renvoyer de leurs Villes, en certaines occasions, tous les hommes en âge de porter les armes, après les avoir consacrés à quelque Dieu, dont la protection leur procuroit souvent des établissemens propres à les dédommager : les Aborigènes dévouoient aussi tous les enfans à naître, pendant un an, & les destinoient à former des Colonies, quand ils seroient en état de faire la guerre. On appelloit cette cérémonie *ver sacrum*, ou *printemps sacré*, d'où ces jeunes gens, au rapport de Festus, portoient le nom de *sacrani*. *Arezzo* semble avoir été fondée par une de ces Colonies *militaires*, dévouée sous la protection du Dieu Mars ; & comme les noms de *Coryte* & de *Pérusia*, dont on fit *Coryti* & *Perusini*, viennent des mots *juvenis* & *adolescens* ; ces trois Villes paroissent avoir été ce que les Grecs appelloient *Adelphes* ou *Sœurs*, qualités marquées sur les Médailles de la *Tétrapole de Syrie* ; elles furent construites de proche en proche, les unes par ces jeunes gens appellés *Sacrani*, l'autre par la partie de cette Colonie la plus âgée, d'où elle prit le nom de la *Divinité*, sous les auspices de qui elle s'établit.

Quelques Villes Tyrrhéniennes tirèrent leurs noms de leur situation ; *Clusium*, suivant Tite-Live, *Lib.* x, *Cap.* 24, fut anciennement appellée *Camars* ; ce nom lui vint des vastes marais formés par le *Clanis*, près desquels la montagne, où elle fut bâtie, se trouvoit située. Car *Camars*, chez les Grecs, dut signifier *palus*, *marais* chez les *Pélasgues* Tyrrhéniens ; le mot de *Chiana* est resté pour exprimer ces terres inondées, qui prenoient autrefois le nom de *Clusium*, comme elles portent aujourd'hui celui d'*Arezzo*,

Nous avons déjà parlé de l'origine du mot *Veia* ou *Veies* ; auquel on remonte par la Langue *Osque*, sortie de la même source que la Langue *Etrusque*, & qui, vraisemblablement dans l'une comme dans l'autre, signifioit *plaustrum, chariot*. Dans *Veia*, il désigne peut-être l'invention de cette machine, ou l'usage particulier qu'elle en faisoit.

Quant à *Volterra*, Colonie fameuse des Tyrrhéniens, ses Médailles l'appellent constamment *Oritela*, manifestement composé de deux mots, Ορος & *Terra*, dont ils expriment une *population établie sur une montagne* ; c'est précisément la situation de Volterre. Les Grecs disoient Ορειτρεφος, *in Montibus nutritus*, nourri sur les montagnes, & l'expression *Terra*, pour désigner un bourg, une petite Ville, un endroit peuplé, est encore resté chez les Italiens & même chez les François, où ce terme exprime la possession d'un endroit habité. La Langue Pélasgue ayant donné naissance à la Grecque & à la Latine, les racines de ces deux Langues doivent nécessairement se trouver dans la première que nous ignorons ; mais quand on trouve des mots composés de l'une & de l'autre, indubitablement construits de la manière dont il le sont, au temps où le Pélasgue existoit encore, on ne peut douter que par eux on ne remonte jusqu'à cette Langue primitive. Tels sont les noms de *Cortona*, d'*Oritela*, de *Tarquinium*, ci-devant expliqués ; tel est celui de *Rosella* ou *Rusella*, autre Ville Tyrrhénienne, maintenant *Grossetto* ; son nom vient du mot Pélasgue Ρόω ou Ρ8ς *fluo* ou *fluxus*, passé depuis dans le Grec, & de *sella*, *siége*, devenu latin, de sorte que l'expression résultante de l'alliance de ces termes grecs & latins, montre la position de cette Ville *assise*, près du courant de l'*Ombrone*. Ces étymologies, dont la force s'augmente par leur nombre même, qu'il seroit aisé d'accroître, n'auroient cependant qu'une apparente ressemblance à la vérité, si d'ailleurs elles ne s'accordoient avec les Médailles, avec les coutumes des Peuples qui firent ces Médailles & employèrent ces dénominations avec les traits particuliers & la marche de leur Hiſtoire, enfin, ce qui eſt très-remarquable, avec les poſitions des lieux qu'elles doivent exprimer. Ces poſitions, vérifiées par la nature des différens pays, ſouvent répétées, & toujours ſe trouvant très-exactement dépeintes par ces étymologies, leur donnent une valeur qu'elles n'auroient pas d'elles-mêmes, & me paroiſſent équivaloir à des monumens authentiques; car ce ſont ceux de la nature même qui ne peuvent tromper, & ſur la foi deſquels il eſt impoſſible de douter que la Langue Oſque, l'Etruſque, ainſi que la Grecque & la Latine, n'aient eu leur ſource commune dans la Langue Pélaſgue, & que toutes ces Nations ne doivent leur origine qu'à la première Colonie Œnotrienne ſortie de la Pélaſgie.

Quoique l'écriture fût connue des Œnotriens, dès le temps de leur arrivée en Italie, ſon uſage dut cependant être très rare chez ces Peuples, parce qu'elle étoit trop difficile à employer ſur les pierres, ſur les marbres ou ſur les métaux les plus durs: pour y ſuppléer, on ſe ſervoit alors de rouleaux de plomb, ou de livres fait de toile de lin, qui ne permettoient pas de s'étendre aſſez pour écrire quelque choſe de ſuivi; ces livres de lin, *lintei*, dont parle Pline, *Lib.* XIII, *Cap.* II, étoient encore ceux des Romains au temps de l'expulſion des Décemvirs, comme ou peut en juger par ce que dit Tite-Live, *Lib.* IV, *Cap.* 7. Dans la ſuite, on ſe ſervit des écorces d'arbres & des feuilles de palmier, ſûrement inconnues aux temps & aux pays dont je parle; ces plantes y étoient étrangères. Tant de difficultés empêchant ces Peuples de ſe communiquer & de conſerver les mémoires des faits, leur firent aiſément oublier leur origine; l'on voit, en effet, par pluſieurs exemples, que, dans un eſpace très-court, ils la méconnoiſſoient tellement, qu'ils ſe regardoient comme abſolument étrangers les uns aux autres.

Tous ces établiſſemens Tyrrhéniens ſe formèrent ſans trouver aucune opposition, si ce n'est de la part des Ombres; ceux-ci paroissent s'être emparés de *Coryte*, située dans leur voisinage, peu après sa fondation; car ils la possédoient certainement, quand les *Pélasgues Thessaliens* arrivèrent en Italie. Cependant les Aborigènes, après avoir divisé les *Sicules* de l'*Aterne* de ceux de l'*Anio*, se trouvant trop à l'étroit, firent un de ces *printemps sacrés* dont nous avons fait mention, attaquèrent de nouveau ces derniers, les chassèrent des environs de *Tivoli*, & commencèrent la guerre qui dura plus d'un siècle.

Alors, c'est-à-dire, dans le courant de la neuvième génération après Œnotrus, les *Pélasgues*, chassés de la *Thessalie*, se retirèrent dans les isles de la Grèce, vers les côtes de l'*Hellespont*, dans l'*Hestiotide*, sur le mont Olympe, dans la *Béotie*, la *Phocide* & l'*Eubée*; mais le plus grand nombre vint chercher un asyle chez les Dodôniens dont ils étoient parens, comme ils l'étoient aussi des Œnotriens: ne pouvant s'étendre dans le pays, ils construisirent une flotte, dans le dessein d'entrer par la mer *Ionienne* dans la mer *inférieure*, & de suivre, par conséquent, les traces des premières Colonies Œnotriennes; mais, traversés, comme le dit Denys d'Halicarnasse, par les vents du midi, ils furent portés à l'embouchure du Pô, où ils construisirent *Spinete*, peu distante de *Ravenne*, bâtie par les *Thessaliens* venus avec eux, ou par eux-mêmes, dont on a peut-être confondu le nom avec celui de ces Peuples. Le Port de *Spinete*, fondé bien avant celui d'*Hadria*, étoit, au temps de Strabon, éloigné de quatre-vingt dix stades de la mer, par une suite des attérissemens qui ont changé toute la face de cette côte, & font soupçonner qu'ainsi que la mer Baltique, l'Adriatique, & par conséquent toutes les autres s'abaissent & se retirent insensiblement vers le Pôle Antarctique. *Spinete* devint une Ville puissante, tint l'empire de la mer, & communiqua toujours avec la Grèce, où elle envoyoit fréquemment la dîme de ses prises au temple de Delphes.

Alliés avec les Aborigènes qui, leur abandonnèrent le territoire de Vélie, ces nouveaux Pélasgues enlevèrent *Coryte* & *quelques autres places* aux *Ombres* qui les avoient repoussés à leur arrivée. Ce furent probablement eux qui, changeant l'ancien nom de cette Ville, lui donnèrent celui d'*Ortona*, signifiant une place bâtie sur une élévation : l'union du C indiquant l'ancienne *Coryte* avec la nouvelle dénomination, produisit celle de *Cortona*, propre à marquer les deux temps où elle fut possédée par les Tyrrhéniens & les Pélasgues. Les habitans de cette Ville, & les *Placianiens* de l'*Hellespont*, sortis, comme on vient de le voir, d'une même origine, étoient, au temps d'Hérodote, c'est-à-dire, près de mille ans après celui de leur établissement à *Cortone*, les seuls qui parlassent encore le Pélasgue.

Toujours unis aux Aborigènes, ces mêmes Pélasgues demeurant dans leurs Villes avec eux, en construisirent encore de nouvelles; telles furent *Agylle*, depuis appellé *Cœré*, située près de *Veïa*, dans l'Etrurie, *Alsium*, voisine de *Gravisca* & de *Tarquinium*, comme *Saturnie* l'étoit de *Volsinium*, le Port *Argous* dans l'isle d'*Athalie*, dont la Fable attribua la fondation aux Argonautes, mais dans le nom duquel on reconnoît la Patrie de ces Pélasgues originaires d'*Argos*, comme en conviennent Denys d'Halicarnasse & Strabon; ce Port situé de l'isle d'Elbe étoit près de *Populonium*. Ils bâtirent aussi *Pise*, entre *Volterre*, *Luni* & *Fiésole*, comme *Cortone* & les Villes dont ils s'étoient emparés sur les *Ombres*, étoient entre *Arezzo*, *Péruge* & *Clusium* ; ils construisirent enfin d'autres Villes que Denys d'Halicarnasse ne nomme pas, en parlant de celles-ci, *Lib.* 1, *Cap.* 12, c'étoient probablement celles des *Falisques*.

Ce mélange singulier des territoires Pélasgues & Tyrrhéniens, montre la foiblesse de ces derniers; car ils furent contraints à recevoir les autres chez eux ; mais il contribua beaucoup à les reunir, sans néanmoins les confondre. Les premiers, au

rappor

rapport de Denys, prirent *des autres*, *leur expérience dans la navigation*, & ceux-ci leur firent connoître, comme on le verra bientôt, les progrès des Arts, bien différens en Grèce, quand ils en partirent, de ce qu'ils étoient au temps d'Œnotrus. Cette union devint si grande, qu'au rapport de Denys *Lib.* 1, *Cap.* 27, les Pélasgues en portèrent le nom de *Tyrrhéniens*, *que prit alors*, ajoute le même Auteur, *toute la partie occidentale* de l'Italie. On a déjà vu que, dans ce temps-là, l'ancienne Italie étoit comprise entre le Détroit de *Sicile*, & le *Golfe de Posidonia*; *ce nom s'étendit ensuite*, comme le dit Strabon, *Lib.* V, *jusqu'aux Alpes*; & comme l'Œnotrie en étoit la partie *orientale*, par le nom de sa partie *occidentale*, on ne peut entendre que les pays situés à l'Occident de la première, c'est-à-dire, ceux qu'occupèrent dès-lors les Tyrrhéniens. C'est donc nécessairement à cette époque, que ces Peuples traversèrent l'Apennin, fondèrent successivement *Fulsina*, aujourd'hui *Bologne*, *Mantoue*, *Hadria*, dont la mer supérieure prit le nom, & s'étendirent jusqu'aux Alpes, qui du mot Pélasgue *Alpum*, conservé par les *Sabins*, pour signifier *album*, *blanc*, furent ainsi appellés, à cause des neiges dont leurs sommités sont presque toujours couvertes.

Les Tyrrhéniens s'avancèrent jusques dans la *Rhétie*, où quelques Grecs unis avec eux, & sans doute attirés par leur réputation *alors très-grande en Grèce*, comme le dit encore Denys d'Halicarnasse, semblent avoir porté les lettres *Cadméennes*, nouvellement introduites dans leur Patrie par les *Phéniciens*. Ces lettres s'y conservèrent jusqu'au temps de Jules-César, qui trouva dans le camp des Helvétiens leur dénombrement écrit en caractère grec, *Comment. Cæs. Lib.* I; ce fait combiné avec le caractère inconstant, guerrier & religieux des Pélasgues, fait soupçonner que ces anciens Helvétiens, errans, toujours prêts à chercher de nouvelles demeures, & braves comme eux, pourroient être descendus de ces Colonies mêlées de Pélasgues, de Tyrrhéniens & de Grecs.

Ainsi, le temps de la plus grande puissance des Etrusques, tombant dans l'espace compris entre l'arrivée des Pélasgues Thessaliens, & leur sortie de l'Italie ; l'une étant à-peu-près sept générations avant la guerre de Troye, & l'autre environ cent ans avant cette époque ; il faut que leur temps le plus florissant lui soit antérieur de près d'un siècle. C'est alors qu'occupant, avec l'Etrurie, tous les pays situés entre l'Apennin & les Alpes, ayant des ports sur les deux mers, faisant partie de ce peuple Œnotrien, dont les Colonies occupoient l'Œnotrie, la Campanie, le Latium & la Sabine ; ces Peuples purent être considérés comme ayant effectivement été maîtres de toute l'Italie ; & c'est la seule manière de concilier ce que dit Tite-Live, *Lib.* v, *Cap.* 33, avec la verité de l'histoire.

Cependant, dans le même temps que les Pélasgues formoient ces établissemens en Etrurie, ils poursuivoient les Sicules, auxquels *ils enlevèrent*, dit Denys d'Halicarnasse, *grand nombre de Villes sur les côtes de la mer dans l'intérieur des terres ;* ces Villes maritimes ne pouvoient être qu'Antium, Asture, les vingt-trois Villes inondées depuis par les Marais Pontins, ou les places voisines, occupées ensuite par les Volsques & les Rutules ; ils suivirent leurs conquêtes jusques dans la Campanie, où ils fondèrent Larisse dans le territoire des Arunces ; le nom de cet établissement rappelle également leur séjour dans le Péloponèse & la Thessalie. Vers cet endroit, les Pélasgues abandonnèrent les Sicules ; mais les Opiciens & les Œnotriens, suivant Antiochus de Syracuse, les obligèrent enfin d'abandonner l'Italie. Dans les guerres soutenues par les Opiciens contre ces Peuples, Cumes paroît avoir reçu une Colonie de Pélasgues ; ils s'y établirent de même que chez les Aborigènes & les Tyrrhéniens ; &, comme on les confondoit avec ces derniers, cela fit croire qu'en effet Cumes fut autrefois une Ville Tyrrhénienne.

Cet état de prospérité de Pélasgues Thessaliens dura peu ; des calamités publiques, occasionnées par une stérilité dont les suites furent affreuses, mais plus encore par un Oracle qu'ils allèrent chercher à Delphes, jettèrent la défiance parmi eux, & les rendirent suspects les uns aux autres. Ils se divisèrent ; partie retourna dans la Grèce, partie se retira chez les Barbares ; quelques-unes de leurs Villes restèrent totalement abandonnées ; d'autres presque désertes, furent occupées par leurs voisins. C'est pour remplir le vuide de cette désertion, que des *Eubéens*, conduits par Hippocles & Mégastène, vinrent, comme le dit *Velléius Patercule*, s'établir à Cumes, où ils apportèrent le culte de *Bacchus* sous la figure de l'*Hébon ;* cette dispersion des Pélasgues, évènement sans exemple dans toute l'histoire, dont on peut voir les détails dans le premier Livre de Denis d'Halicarnasse, arriva dans le siècle qui précéda la guerre de Troye. Elle fit prendre une nouvelle face aux affaires des anciennes Colonies Œnotriennes, ce qui se passa dans la suite chez elles, l'arrivée successive des *Arcadiens*, dont Evandre étoit le chef, celle d'Hercule avec d'autres *Arcadiens* & des *Epéens*, fixés ensuite en Italie, la fondation de *Lavinium* par les *Troyens* conduits par Enée, leur alliance avec *Latinus*, Roi des *Aborigènes*, parmi lesquels ils se confondirent, le nom de *Latins*, porté depuis par ces Peuples réunis, les établissemens des Colonies *Grecques* dans l'ancienne Italie, ou le long des rivages de la mer supérieure, ceux des *Argiens* dans les pays des *Falisques*, immédiatement après la guerre de Troye, l'origine des Ombres, des Liguriens, & ce qui arriva des Sicules ; quoique très-intéressant, n'étant pas de mon sujet, je terminerai par quelques observations, tirées de ce qui précède sur les Arts des

Tyrrhéniens, & sur les véritables causes de l'obscurité répandue sur leur Histoire par les Anciens & les Modernes.

Le temps le plus florissant de ces Peuples, dans la suite appellés *Etrusques*, fut celui où ils portèrent leurs Colonies au-delà de l'Apennin. Ce temps correspond au siècle héroïque des Grecs; s'il ne produisit pas en Etrurie le même enthousiasme qu'il produisit en Grèce, c'est que ses plus grands établissemens s'étant multipliés sans trouver de résistance, elle n'eut point d'ennemis à vaincre, de grands obstacles à surmonter, & qu'elle travailla plutôt à son profit & son utilité, que pour sa gloire & sa réputation. Ces deux grands motifs, animant également les Héros & la Nation Grecque, inspirèrent à celle-ci le desir de conserver la mémoire des belles actions dont elle se trouvoit honorées, & fit naître chez elles les Vers & les Poëmes Héroïques: faute de Héros à célébrer, les Etrusques ne purent se faire valoir par ce genre de Poésie; ce fut cependant la plus ancienne manière d'écrire l'Histoire; & lorsqu'au temps d'Halyate, vers la quarante-cinquième Olympiade, selon Suidas, Phérécyde de Scyros essaya de la mettre en prose; l'Etrurie ayant déjà perdu tous les pays dont elle s'étoit autrefois mise en possession, forcée de les abandonner aux Anglois, appellés en Italie par un de ses Citoyens, comme le dit Tite-Live, *Lib.* v, réduite aux limites, dans lesquelles elle s'étoit trouvée avant son union avec les Pélasgues, divisée, ainsi que le remarque Strabon, *Lib.* v, en petits Etats qui l'affoiblissoient & la rendoient incapable de se défendre, elle n'eut rien à écrire de remarquable: d'où vint que son Histoire ne présentant pas de grands sujets à ses Artistes, fut inconnue chez elle même, & que ses Arts ne furent employés qu'à célébrer des Héros & des faits, presqu'entièrement étrangers pour elle.

Si l'on considère que les *Pélasgues*, suivant Æschyle, Denys d'Halicarnasse & Strabon, sortis d'*Argos* & de *Mycenès*, Patrie de Tydée, d'Adraste, d'Agamemnon & de Ménélas, transportés dans la *Thessalie*, où régnèrent depuis Pélias, Jason & Pélée, père d'Achille, s'établirent ensuite dans la *Béotie*, dont Thèbes, fameuse par les aventures de la famille de Cadmus & d'Œdipe, étoit la Ville principale dans la Phocyde, où vécurent Œné, Ancée, Méléagre, Parthénopée, Atalante dans l'*Eubée*, qui fournit une Colonie à la *Cumes* des *Opiciens*, enfin dans l'Italie ; on verra pourquoi, mêlés depuis avec les Tyrrhéniens, les évènemens des expéditions de *Thèbes* & de *Troye*, de la chasse des *Calydons*, & le voyage des *Argonautes*, où tous ces Héros eurent la principale part, durent particulièrement les intéresser, & d'où vient qu'intimément liés avec ces Peuples, ayant d'ailleurs une origine commune avec eux, les Etrusques, qui ne pouvoient rien tirer de leur Mythologie & de leur Histoire particulièrement, employèrent généralement dans tous leurs monumens, leurs bas-reliefs, leurs pierres gravées, des sujets tirés des guerres où Tydée, Adraste, Polinice, Amphiaraus, Agamemnon, Achille, & tous les Héros de la Grèce, se signalèrent.

Avec les *sujets* à représenter, les Grecs communiquèrent encore, par le moyen des Pélasgues Thessaliens, des modèles, & par conséquent des *règles* aux Arts de l'Etrurie. Les noms, écrits à côté des figures représentées dans les plus belles gravures attribuées aux Etrusques, prouveroient assez qu'avec les sujets de leur composition, les Artistes prirent en même temps la manière de les traiter du peuple dont ils les tenoient ; mais le style du dessin même de leurs ouvrages, montre, d'une manière encore plus convainquante, que la chose ne peut être autrement. Cultivée chez les Grecs, dès les temps les plus anciens, la *Gymnastique* ne fut jamais en usage chez les Etrusques ; cet Art, en donnant aux corps une force & une souplesse extraordinaire, put seul produire la *nature Athlétique*, dont les formes, très-difficiles à rendre, ne peuvent se deviner, & demandant la vue de ses exercices, une étude & une connoissance très-particulières de cette sorte de nature, qu'on pourroit regarder comme factice : l'Etrurie, satisfaite des spectacles de ses *Gladiateurs*, incapables de produire & de montrer ces formes *Athlétiques*, ne fut jamais à portée de les étudier; & comme tous les ouvrages qu'on lui attribue, tirent leur principale beauté de la perfection & des détails des formes, que la pratique seule de la *Gymnastique* peut donner, il faut absolument qu'elle ait emprunté ces détails du seul peuple en état de les lui faire connoître. Ainsi, les modèles primitifs de ces mêmes ouvrages, les maximes suivies de leur exécution, comme les sujets qu'ils traitent, lui vinrent nécessairement de la Grèce.

Suivant Caton, cité dans le troisième Livre de Pline, la Colonie des *Falisques*, qui occupoit un vaste territoire de l'Etrurie; *étoit originaire d'Argos, Falisca Argis orta, ut Autor est Cato, quæ cognominatur Etruscorum.* Comme cette Colonie, celle de *Ravenne*, de *Cortone*, de *Spinete* & de *Cœré*, malgré la dispersion des Pélasgues, subsistèrent toujours avec splendeur au milieu même des Villes Etrusques. Les deux dernières ayant déposé, comme le dit expressément Strabon, *Lib.* v, chacune un trésor à Delphes, avoient des liaisons suivies avec la Grèce, dont les découvertes dans les Arts passèrent successivement par leur moyen en Etrurie, de même que la connoissance de ses Héros & son Histoire.

Ce que les Etrusques firent de plus éclatant dans les Arts, & ceux de leurs monumens dont il est parlé avec quelque distinction dans les anciens Auteurs, sortirent ou de ces mêmes Colonies, ou du moins des Villes situées à portée d'elles. Clusium, où l'on voyoit le fameux labyrinthe, dont Pline, d'après Varron, nous a conservé la description, étoit très-voisine de

Cortone ; Veïes, Tarquinium, Cæré, Volsinium, d'où les Romains enlevèrent deux mille Statues, & qu'on appelloit le *Séjour des Artistes*, étoient ou du voisinage, ou du territoire même de Falisques Argiens; par Vétulonium, Colonie de cette dernière Ville, par Pupluna & Pise, les pratiques des Arts de la Grèce parurent avoir une communication facile avec Volterre ; Arezzo & Péruge, situés près de Cortone, étoient encore peu distantes de Spinete & de Ravenne. Le Commerce nécessaire de ces Villes Pélasgues avec celles de l'Etrurie, fournit à ces dernières les moyens de perfectionner les Arts dont elles avoient reçu les premières notions des Pélasgues Œnotriens. Elles connurent les découvertes faites en Grèce, dans les temps suivans, par les Pélasgues Thessaliens, & après eux, par ces Falisques venus en Italie peu après le siége de Troye & le meurtre d'Agamemnon, comme Ovide & Virgile nous l'apprennent, *Amor*, *Lib.* III, *Eleg.* XIII, *Æneid.*, *Lib.* VII.

La Gymnastique & la Sculpture reçurent des règles, & furent réduites en Arts, l'une par Théfée, l'autre par Dédale, précisément dans le même temps. Deux cens ans après, la Gymnastique put fournir à la Sculpture les beaux modèles de corps Athlétique qu'on retrouve dans les plus belles gravures Etrusques, faites à mon gré vers cette époque. Alors la Sculpture encore astreinte au signe qui en gênoit les attitudes, n'avoit pu parvenir à donner à ses figures cette simplicité, à laquelle la noblesse est attachée ; mais elle commença dans le siècle postérieur à celui qui suivit la guerre de Troye, à rechercher cette simplicité dans les sujets même les plus composés. Cette recherche forme le nouveau style opposé par son principe à celui des temps précédens. Les figures des ouvrages les plus parfaits, attribuées à l'Etrurie, tenant à l'ancien style, suffiroient donc pour nous indiquer l'interruption du commerce arrivée, vers cette époque, entre ses Arts & ceux de la Grèce, puisqu'il est clair que le deſſin n'alla jamais plus loin chez les Etruſques ; quoiqu'il fit, dans la ſuite, de très-grands progrès chez les Grecs. L'Hiſtoire concourt ici à faire connoître la néceſſité de cette interruption ; car c'eſt préciſément alors que, ceſſant d'envoyer des Colonies nombreuſes & ſuivies en Italie, comme elle l'avoit conſtamment fait depuis l'émigration d'Œnotrus, la Grèce tourna, au moins pour un temps, ſes vues du côté de l'Aſie-Mineure, où elle fonda tant de Villes floriſſantes dans l'Ionie, l'Eolie & les Pays voiſins ; la Colonie des Faliſques Argiens, intéreſſée à conſerver la mémoire du ſiége de Troye, auquel elle avoit aſſiſté ſous les ordres mêmes d'Agamemnon, chef de cette entrepriſe, dut aider beaucoup à répandre les détails des aventures de ce ſiége en Etrurie ; elles fut avec celle des Piliens établis à Piſe, ſuivant Strabon, la dernière de toutes celles que les Grecs fournirent à ce pays.

Les Artiſtes Etruſques, privés des ſecours qu'ils tiroient de ceux de la Grèce, mais déjà aſſez avancés pour ſe ſoutenir par eux-mêmes, travaillèrent en ſuivant les maximes adoptées par le paſſé. Plus ils multiplièrent leurs ouvrages, plus ils ſe confirmèrent dans l'habitude de ſuivre ces maximes, ce qui dut former chez eux un goût & un ſtyle national, connus maintenant ſous le nom de goût & de ſtyle Etruſque. Ce ſtyle ſavant, malheureuſement fondé ſur le goût décidé de la Nation pour laquelle les Artiſtes travailloient, par cette raiſon même ne put jamais ſe réformer.

Les connoiſſances que la Gymnaſtique eut fournies à l'étude du deſſin des Etruſques, interrompues par leur défaut de communication avec les Grecs, donnèrent à ces derniers les moyens de réformer leur ſtyle, & de ſe faire, dans la ſuite, un goût plus épuré ; d'où leur vint cette aiſance, cette ſimplicité, qui les conduiſit à la grace & à la beauté la plus ſublime : méconnoiſſant alors le point d'où ils partirent, ils crurent mettre dans leurs

Ouvrages

Ouvrages un Art tout différent de celui des Etrusques ; mais c'etoit le même, avec cette différence qui existe entre la figure d'un Adolescent, & celle du même Adolescent arrivé à toute la force de l'âge viril.

Dans le siècle antérieur à celui de la guerre de Troye, la puissance des Etrusques parvint à son comble, & dans le siècle postérieur à celui qui suivit cette même époque, les Arts arrivèrent chez eux à toute la perfection dont leur style étoit susceptible. C'est environ le temps où fleurit Homère, ou du moins peu avant ; car on met la naissance de ce grand Poëte vers la vingt-huitième année après la fondation de Cumes, cent cinquante-huit ans, suivant Hérodote, après l'expédition qui fournit les sujets de ses Poëmes. On verra effectivement bientôt, par son témoignage même, que de son temps, la Sculpture des Grecs avoit déjà laissé le style conservé en Etrurie.

Le nom d'aucun Artiste Etrusque n'est parvenu jusqu'à nous, mais on connoît celui de la plupart des Sculpteurs, des Peintres & même des Graveurs les plus habiles de la Grèce. C'étoient des hommes libres, réputés pour leurs talens, au lieu que ceux de l'Etrurie étoient presque tous esclaves ; Tite-Live dit, en parlant d'un Roi de ce pays, *Artifices, quorum magna pars ipsius servi erant, ex medio ludicro repentè abduxit.* Cette différence d'état, si capable d'influer sur les progrès des Arts, fit accorder aux Artistes Grecs une considération qui nous a conservé leurs noms, & dont le défaut nous a privé de la connoissance de ceux des Etrusques. Cependant nous savons que Mnésicrate, fameux Graveur, travailla chez ces peuples, *plutôt pour acquérir de la gloire*, dit Apulée, *que par intérêt ; Mnesarchum comperio inter Sellularios Artifices, gemmis faberrimè sculpendis laudem magis quàm opem quæsivisse*, *in Florid.* Cet Artiste étoit vraisemblablement de Samos ; il vivoit vers la cinquième Olympiade, & fut père de Pythagore ; Suidas, &

Plutarque *dans ses propos de Table*, font naître en Etrurie ce Philosophe, où peut-être Mnésicrate s'étoit marié. Mais il étoit certainement Grec, puisque selon la remarque de Bentley, *Dissert. Upon. Phalar.*, Pythagore gagna un prix à Elis; & pour y concourir, il falloit, comme on sait, prouver une origine Hellénienne. Alexandre même, quoique descendant des Eacides & d'Achille, fut obligé de faire ses preuves à cet égard. Or, quoiqu'orginaires de Grèce, les Etrusques n'étoient cependant pas Hellènes, non plus que les Romains descendus comme eux des Œnotriens d'Arcadie.

En recevant des Grecs les Arts subordonnés au dessin, les Etrusques prirent aussi d'eux celui de faire des vases en argille, & la connoissance des Tours, inventée dans Athènes par Talus, neveu de Dédale. Ils réussirent très-bien à les exécuter, & leur principale manufacture, comme l'indique Martial, *Lib.* XIV, s'établit dans Arezzo, voisine, comme on l'a remarqué, des Pélasgues de Cortone. Cet Art suivit toujours en Etrurie celui de la Grèce, comme on peut le voir par les beaux vases trouvés dans le territoire de Volterre, acquis par S. A. R. le Grand Duc aujourd'hui régnant, & déposés dans la galerie de Florence: leurs formes, en tout ressemblantes à celles des plus beaux vases en bronze, déterrés dans les fouilles d'*Herculanum*, de *Pompeïa* & de *Stabies*, manquent cependant par la *Peinture*, & sont, à cet égard, d'une extrême grossièreté. Le défaut des connoissances de la Gymnastique, & de communication avec les Grecs, fixèrent la Sculpture des Etrusques; mais, comme ils purent aisément transporter chez eux les modèles des vases faits en Grèce, & les copier d'après ceux de terre ou de bronze, ils se perfectionnèrent dans cette partie; ils auroient sans doute fait de même par rapport à la Sculpture, s'il leur eût été possible d'y transporter cette nature Athlétique, connue des seuls Grecs, & qui fut, comme on le verra dans la suite, la principale cauſe de leurs progrès dans la Peinture, la Sculpture & la Gravure.

Hérodote ayant copié des Mythologiſtes la Fable de Tyrrhénus, inventée pour trouver ſur une reſſemblance de nom, l'origine des Tyrrhéniens, cette Fable contraire à la vraiſemblance, à l'ordre des choſes & des temps, copiée par pluſieurs Hiſtoriens, employée par des Poëtes, acquit, dans la ſuite, une autorité qu'auroit dû détruire celle de Xantus de Lydie; *c'étoit*, dit Denys d'Halicarnaſſe, *un très ſavant homme dans l'Hiſtoire ancienne & dans celle de ſon pays; cependant il ne diſoit ni que Tyrrhénus ait été chef des Lydiens, ni qu'aucune Colonie de ces peuples fût venue s'établir en Etrurie, ni qu'il eût jamais exiſté de Colonies Tyrrhéniennes avec le nom de Lydiens;* cependant pluſieurs Poëtes fondés ſur cette erreur, ayant donné le nom de Tyrrhène, de-là vint l'idée de la grande puiſſance de ces Peuples, & l'opinion d'étendre leur domination ſur toute l'Italie.

Deux ſortes de Pélaſgues vinrent ſucceſſivement s'établir le long des rivages de la mer inférieure; les uns, ſortis d'Arcadie ſous la conduite d'Œnotrus, abordèrent en Italie près de dix générations avant les autres; ceux-ci venus de Theſſalie, mêlèrent à leur nom celui des Tyrrhéniens; mais les premiers en changèrent totalement, & prirent celui d'Œnotriens. Denys d'Halicarnaſſe, ſentant que l'arrivée des Pélaſgues Theſſaliens étoit poſtérieure à l'établiſſement des Tyrrhéniens, & ne regardant plus comme Pélaſgues les Œnotriens, nia que les Tyrrhéniens deſcendiſſent des Pélaſgues de Theſſalie, ce qui étoit vrai; mais ils deſcendoient de Pélaſgues Arcadiens, nommés depuis Œnotriens; un équivoque lui fit donc attribuer aux uns, ce que des Auteurs plus anciens n'avoient entendu que des autres; d'où vint qu'en cherchant à débrouiller leurs antiquités, son opinion ne fit que répandre sur elles une obscurité dont il étoit très-difficile de sortir.

Vers le temps de la restauration des Lettres, Annius de Viterbe, malheureusement très savant, employa ses lumières pour obscurcir celle de l'Histoire ancienne, en prétendant illustrer sa Patrie; dans ce dessein, il composa des Livres sous les noms de Caton, de Xénophon, de Fabius Prétor, de Myrsile de Lesbos, de Manéthon & de Bérose; son objet principal étoit de reculer l'origine des Etrusques jusqu'aux temps les plus éloignés, & de faire descendre d'eux les autres Peuples Occidentaux. Pour accréditer ses Livres, il grava des inscriptions dont il lui fut facile de trouver l'explication, & fabriqua un décret de Didier, dernier Roi des Lombards; il y mit & trouva ce qu'il voulut; au moyen de toutes ces machines, accordées les unes avec les autres, *Noé* devint *Janus*, de qui sortirent les anciens Habitans de l'Etrurie, & l'Italie devint la *Chetim* du Texte sacré. Ces fictions trompèrent des Ecrivains de beaucoup de mérite, & passèrent, dans leurs Livres, pour des vérités incontestables.

Vers l'an 1634, on prétendit avoir trouvé à Scornello près de Volterre, un très-grand nombre de manuscrits antiques; en vain les gens de bon sens réclamèrent contre la légitimité de cette découverte, où l'on confirmoit toutes les impostures d'Annius, où *Janus* & l'*Italie* étoient *Noe* & *Chetim*. Ceux qui prétendoient l'avoir faite, donnèrent un gros Livre à ce sujet; mais sa fortune fut la même que celle des ouvrages supposés par le Moine de Viterbe; ils tombèrent dans le mépris, sans que pour cela on abandonnât les erreurs dont ils étoient les Auteurs. Beaucoup d'Antiquaires crurent important à la gloire de leur pays de soutenir les Fables débitées dans ces Livres supposés; & sans les citer de peur de se rendre suspect, ils cherchèrent des raisons pour les étayer. Ce que plusieurs Modernes ont écrit de l'Etrurie, étant fondé ſur les paſſages d'Hérodote, de Denys d'Halicarnaſſe, des Auteurs qui les ont ſuivis, & ſur les Livres dont je viens de parler, ou ce qui eſt la même choſe, ſur les rêveries d'Annius de Viterbe, ſouvent extraites d'Auteurs qui les ont employées ſans le nommer; il n'eſt pas étonnant que cette matière ſoit devenue tellement compliquée, qu'à la fin on a ceſſé de s'entendre, & les écrits ſe ſont multipliés ſans éclaircir la matière, devenue encore bien plus obſcure, quand, ſur de tels fondemens, on s'eſt mis à parler des Arts de ces anciens Peuples; les difficultés, jettées ſur leur Hiſtoire, m'ont fait écrire cette longue diſſertation, où cependant j'aurois pu ajouter beaucoup de choſes, que le Lecteur, ſi j'ai eu le bonheur de le mettre ſur le véritable chemin, ſuppléera de lui-même.

MONUMENS DES OBOTRITES.

Avant de terminer, je vais parler ici de quelques Antiquités très-ſingulières trouvés dans cette partie de l'Allemagne, autrefois occupée par les *Obotrites*, & quelques temps avant eux par les Vandales.

Les *Obotrites* faiſoient partie de ces *Vendes*, qui peut-être originaires de la *Vandalie*, allèrent s'établir vers l'embouchure de la Viſtule, d'où ils retournèrent enſuite dans leur ancienne Patrie, épuiſée d'hommes par les émigrations & les conquêtes des Vandales. Ces deux Peuples, que bien des Auteurs regardent comme différens, eurent cependant à-peu-près le même culte; car les Vendes, à l'imitation des Grecs qui déifièrent leurs Héros, adorèrent Radeguiſe ou Radegaſt, l'un des Héros de la Vandalie; ils employèrent les caractères Runiques dont les Vandales ſe ſervoient; puiſque ſelon Vormius, ces caractères étoient beaucoup plus anciens que cet Ulphilas qui les publia, feulement trente-quatre ou trente-fix ans avant l'entrée de Radegaft dans les Gaules. La comparaifon de leurs monumens nous montre que les Arts fuivirent chez eux les mêmes idées, le même goût, la même manière ; & fi l'exécution de quelques-uns de ces monumens y laiffe entrevoir quelques différences, comme le ftile en eft le même, ce n'eft pas à l'Art, mais aux Artiftes, qu'il faut les attribuer ; car, dans leurs plus mauvais, comme dans leurs meilleurs Ouvrages, on reconnoît qu'ils puisèrent, dans une fource commune, les idées & les principes de leurs opérations ; ce qui fait que l'on ne peut diftinguer les productions de ces deux Nations, & nous oblige à parler des unes comme des autres.

Les Vandales, plus connus par leurs conquêtes, que par leur goût pour les Arts, fortis du pays qu'on appelle aujourd'hui le Mecklenbourg, occupèrent, en différens temps, au rapport d'Albert Krantz, la Poméranie, la Pologne, la Siléfie, la Bohême, la Ruffie & la Dalmatie ; ce font eux qui, prefque toujours unis avec les Alains & les Suèves, fouvent avec les Gots, après avoir ravagé les Gaules, fous le règne d'Honorius, traversèrent l'Efpagne, s'arrêtèrent dans l'Andaloufie (1), à laquelle ils donnèrent leur nom, & s'emparèrent enfuite de l'Afrique & de la Sardaigne. En confrontant les monumens découverts dans les pays dont les Vandales étoient originaires, & dans ceux qu'ils habitèrent, en comparant le goût du travail de la compofition de ces monumens, avec ce que j'ai dit du goût & du ftile des plus anciens temps de la Sculpture des Grecs, on trouvera que ces Antiquités, regardées jufqu'à préfent comme barbares & abfolument inutiles aux Arts, peuvent cependant répandre un grand jour fur leur Hiftoire, en

(1) Elle s'appelloit *Vandatalia*, d'où l'on a fait *Andalouzia*.

éclairer la marche, & nous apprendre d'où leur vint l'esprit, qu'on croit généralement qu'ils ont pris dans les temps Gothiques.

Vers la fin du siècle passé, on déterra, dans l'endroit où l'on croit qu'exista l'ancienne *Rhétra*, un grand nombre d'instrumens & de vases destinés aux sacrifices, avec beaucoup d'Idoles en bronze, adorées par les Vendes, les Vandales, & probablement par les Cimbres & les Teutons, qui habitèrent aussi dans le voisinage de cette contrée.

Ces monumens ont été publiés à Berlin en 1772, sous le titre d'*Antiquités Religieuses des Obotrites, trouvées dans le Temple de Rhétra sur le Tollenzersec, &c.*, par MM. *André Gottlieb*, *Maschen & Wogen*. Rhétra étoit située dans l'endroit où existe maintenant le visage de *Prilvvitz*, qui, je crois, appartient au *Duché de Mecklenbourg-Strelitz*. Toutes ces Idoles sont en métal; j'en ai vu quelques-unes de la même espèce en Allemagne, où l'on m'a assuré qu'elles avoient été trouvées en Lusace & en Bohême. Feu M. le Comte *Charles de Hessenstein* en apporta deux de *Hambourg à Naples*, où il me les communiqua : l'une me parut être une Minerve ; des caractères grecs, gravés sur le corps de cette figure ridiculement grossière, ne formant aucun mot de la langue à laquelle ils appartenoient, me rendirent suspect ce monument, dont la fonte étoit d'ailleurs très-mauvaise, & le style bien plus approchant du Gothique que de l'Etrusque. L'autre figure, parfaitement ressemblante à la première, par le mauvais style de sa composition & de son dessin, portoit trois inscriptions formées par des lettres *Runiques* : on m'assura que c'étoit l'*Othni*, adoré chez les Peuples du Nord, comme l'un des Dieux de la Guerre. Il tenoit à la main une sorte de vase pareil à celui dont les Grecs se servoient dans leurs festins, & qu'Athénée *Deipnos*, *Lib.* XI, appelle *Olmos* & *Rhyton*. Des cornes, placées sur la tête de ce Dieu, me parurent un ajustement militaire, quelquefois en usage chez les Grecs & chez d'autres Peuples. Ces deux monumens ayant, disoit-on, été trouvés l'un avec l'autre, je les jugeai tous deux modernes, & je me trompai. Je me trompai encore avec M. Carbonel, homme très-savant dans les Langues Arabes & dans les Antiquités de l'Espagne, lorsqu'il me fit voir quelques petites Statues tirées des ruines d'une Ville ancienne, découverte à quelques journées de Cadix, & dont on avoit dès-lors abandonné la fouille : nous crûmes ensemble ces monumens assez mauvais, pour être Celtibériens; mais à présent que je puis les comparer avec d'autres qui ne le sont pas moins, & dont ces Statues, prétendues Celtibériennes, ont tous les caractères; je ne doute pas qu'elles ne soient des Ouvrages de ces *Vandales*, qui, vers les premières années du cinquième siècle, s'établirent dans les endroits mêmes où elles ont été trouvées. Je me trompai de nouveau, lorsque je vis, pour la première fois, à Florence, dans le Cabinet de M. le Docteur Mesny, Médecin attaché au service de S. A. R., une très-curieuse & très ample collection de cette sorte de monument. Frappé de la singularité de leur exécution, & de la ressemblance qu'ils ont effectivement avec les ouvrages les plus grossiers de l'ancienne Etrurie, je pensai d'abord que les Pélasgues pouvoient les avoir faits. Cependant les lettres Grecques, gravées sur ces figures, étant différentes de celles des Pélasgues, j'abandonnai bientôt cette opinion; mais comme ils ont été trouvées dans l'Isle de Sardaigne, si long-temps occupée par les Vandales, dans le pays desquels il est à présent constaté que l'on trouve des monumens tout semblables, & pour leurs *formes* & pour leurs *lettres*, je crois devoir les ranger dans le nombre de ceux qui appartiennent aux Peuples du Nord, mais qui tirent leur origine des *temps* les plus *anciens* de la Grèce, dont ils sont peut-être les seuls qui puissent nous donner des notions précises. Considérés sous ce point de vue, ils deviennent

infiniment

infiniment plus curieux que tant d'autres qui paroissant beaucoup moins barbares, sont effectivement beaucoup moins intéressans, puisqu'ils sont moins instructifs que ceux dont il s'agit ici.

Des inscriptions, dont les unes en caractères *Runiques*, les autres en caractères *Grecs*, gravées sur les corps mêmes de ces figures, en indiquent la destination, & nous apprennent les titres que les *Obotrites* donnèrent à leurs Divinités. On doit être également surpris de trouver chez des Peuples, qui assurément n'eurent jamais aucun commerce avec la Grèce, les caractères qui y étoient en usage, de même que son ancienne coutume d'écrire, d'abord sur les *indications* & les *signes*, ensuite sur les *termes* & sur les *figures*, les noms des Dieux qu'elles représentent. L'emploi de ces caractères, quoiqu'appliqué à une autre Langue que celle à laquelle ils appartiennent, ne pouvant être l'effet du hazard, prouveroit seul une communication nécessaire, & toutefois regardée comme impossible entre les Arts des Peuples du Septentrion & du Midi de notre Europe. Mais ce qui nous intéresse bien davantage, c'est que, malgré l'extrême grossiéreté qu'on remarque dans l'exécution de ces Statues Vendes, malgré la petite différence qu'on observe entre la bonté de celles qui portent des caractères Grecs, & celles qui, bien découvertes dans le même lieu, sont chargées des caractères Runiques, on ne laisse pas de reconnoître distinctement dans les unes comme dans les autres, le style que l'Art s'étoit fait en Grèce, lorsque, dans les temps antérieurs à Dédale, astreignant la figure au signe, il détruisoit la forme de l'un pour faire valoir l'autre.

On prétend que de ces Idoles, celles qui ont des inscriptions Grecques, sont un peu moins grossières que les autres; ce qui, selon M. Maschen, vient de ce que les Prêtres ont fait les secondes, & de ce que des Artistes Grecs ont exécuté les premières. Mais cette conjecture nous paroît peu vraisemblable ; car d'abord il n'y avoit plus d'Artistes Grecs, dans le temps où il croit que ces monumens ont été faits ; en second lieu, la légère différence qui se remarque entr'eux, peut venir de ce que les modèles ou les ouvriers des uns étoient moins mal-habiles que ceux qui travailloient les autres. Ce qui importe ici, c'est qu'étant tous exécutés sur un même systême, suivant une même méthode, les uns ne sont que les copies, d'autres bien plus anciens, & leurs différences existent, non dans le fond, mais dans les opérations mécaniques de l'Art ; ce qui laisse toujours la liberté de remonter jusqu'aux Originaux.

Si, frappé des rapports dont je viens de parler, le Lecteur se donne la peine de comparer les titres de ces Dieux barbares avec ceux que les Grecs donnoient aux leurs, il verra, je crois, avec étonnement, qu'il n'y a guères que les noms de changés ; mais que le fond des idées sur la nature & l'emploi des Divinités étant le même, les coutumes relatives à leur culte étant semblables, la manière de procéder dans leurs représentations étant pareille, n'y ayant d'ailleurs, dans la Langue, les caractères de l'écriture, les opinions & les Arts des Grecs, rien qui soit emprunté de ces Peuples Septentrionaux ; enfin, les uns ayant tout donné aux autres, & n'ayant rien reçu, il faut qu'ainsi que leurs Arts, leur Théologie tire son origine des Arts & de la Théologie des Grecs. Ceux-ci ayant par la suite totalement changé leur méthode de représenter les Dieux, les Vandales & les Obotrites, comme nous allons le montrer, ayant fidèlement conservé celle qu'ils tenoient d'eux, il s'ensuit que c'est dans leurs monumens, tout barbares qu'ils nous paroissent, que l'on peut retrouver les premiers vestiges de la Sculpture des plus anciens temps de la Grèce.

Ces monumens, si la proposition que j'avance peut se fonder sur des preuves suffisantes, doivent avoir plus de ressemblance à ceux des *Pélasgues* & des premiers *Etrusques* qui en descendoient, qu'à ceux des beaux temps de la *Grèce* ; car ces derniers, exécutés par l'Art arrivé à sa perfection, doivent se ressentir d'autant moins de la foiblesse de ses commencemens, qu'ils en sont plus éloignés, au lieu que les autres, quoique partis du même point, étant arrivés beaucoup moins loin, doivent tenir davantage de leur origine, & paroître plus voisins de ceux des Vandales & des Obotrites ; satisfaits de la Sculpture, telle qu'ils l'avoient reçue des Grecs, ces derniers ne s'écartèrent jamais du point d'où ils étoient partis : & comme leurs ouvrages ne sont que des copies plus ou moins exactes, des modèles qu'ils suivirent d'abord, moins ils y ont ajouté, plus ils les ont servilement imités, mieux ils nous font voir que leurs Arts ont, avec ceux des Etrusques, des rapports très-grands, & une analogie si distinctement marquée, que l'on reconnoît toujours quelque chose de commun dans le style & la manière de procéder de leur Sculpture.

Pour mieux constater ce que l'on doit juger à ce sujet, je vais montrer, d'une part, les *rapports* que je remarque entre les *titres* donnés par les Vendes & les Grecs à leurs Dieux; de l'autre, ceux qui se trouvent entre leur *manière de les représenter* ; manière qui fut commune à ces deux Peuples, mais qui finit en des temps bien différens, puisque celle des Vendes se continua jusqu'au douzième siècle, tandis que celle des Grecs se réforma vers les temps où cette Histoire est déjà parvenue.

Percunnus, ou plutôt *Percunust*, car il est aussi écrit sur sa figure, en caractères *Runiques*, étoit le maître du *Tonnerre* : ce Dieu, commun au pays d'où sortirent les *Vandales*, & ce qui paroîtra très-remarquable, dans la suite, à la *Lithuanie* qu'habitoient les *Alains*, ainsi qu'à la *Prusse*, Province voisine de la *Samogitie*, est figurée, dans les Idoles trouvées à *Rhétra*, avec une longue barbe qui lui donne la figure d'un homme mûr : c'est ainsi que les Grecs représentèrent leur *Jupiter*, pour faire sentir la qualité qu'ils lui donnoient de *Zeus Pater*, qui signifie proprement *Jupiter* ou *Dieu le Père*. Comme leur *Théologie* a fourni cette idée, leur *Langue* a donné le nom de *Percunust*, car il vient manifestement de *Percnos*, *niger*, *noir*, & convient parfaitement à la sombre physionomie de Jupiter Céraunius ou *Tonnant*, qui lançoit la foudre *dans sa colère*, circonstance que la Sculpture des *Grecs* a fait encore observer à celle des *Vendes*; car la *Colère* du Dieu *Percunust* est *signifiée*, dans sa Statue, par l'*occiput* de sa tête, qui est formé de celui d'un *lion*. On sait que cet animal étoit à-la-fois chez les Grecs le symbole de cette passion & celui de la *force*; ce qui fait dire à *Horace* que Prométhée mit dans le cœur de l'homme, une particule du lion, de laquelle vint son penchant à la *colère* : il est très-visible que c'est pour *signifier* celle de Jupiter, quand il tonne, qu'on trouve allié dans cette Statue une partie du lion à celle d'un homme, & qu'on a composé la tête du Dieu, de celle de deux êtres de nature tout-à-fait différentes : c'étoit, comme on l'a vu, l'ancienne méthode de la Sculpture des Grecs, pour faire *entendre* ce qu'elle ne savoit pas *exprimer* autrement ; & l'on voit ici le signe pris dans la figure. En comparant la forme de celle-ci avec ce que dit Horace, on pourroit croire que Prométhée même en inventa la composition, & que c'est à quoi ce Poëte fait allusion ; cette conjecture semble acquérir quelque force, de ce que cet ancien Sculpteur, comme on le verra dans la suite, habita les pays d'où les peuples du Nord tirèrent leur Sculpture & les noms de leurs Dieux.

Sur une idée semblable, les Grecs composèrent la physionomie de Jupiter Ammon, de celle d'un belier dont ils lui donnèrent les cornes. Ils firent leur Bacchus du corps d'un taureau & d'une tête d'homme ; c'est pourquoi les Latins l'appellèrent *Corniger*. Pour marquer le temperamment luxurieux des Satyres, ils leur donnèrent le caractère des chèvres, dont les poils servirent de modèle à leurs cheveux & à leur barbe. La Cérès Eurinome de la grotte de Phigalie, étoit avec le corps d'une femme, la tête & la crinière d'un cheval, pour signifier qu'elle étoit la mère d'Arion. L'on peut encore observer que les animaux, placés par la Sculpture à côté des Dieux, en indiquoient les inclinations : l'argile marquoit la fierté de Jupiter ; le lion, combien sa colère étoit redoutable ; le belier, qu'il étoit le chef des Dieux ; le paon, l'orgueil de Junon ; la colombe, le tempéramment voluptueux de Vénus ; le cerf, l'agilité de Diane ; la chouette qui vit seule, la réserve de Minerve ; le serpent, l'action de la charrue qui rampe dans la terre, comme ce reptile ; & comme elle fut inventée par Cérès, son char, par cette raison, & celui de Triptolème, sont toujours attelés de serpens. Le Léopard ou le tigre de Bacchus, marquoient la fureur & l'emportement du vin, &c. Ce fond d'idées, ce goût de composer, ce nom donné au Jupiter des Obotrites, les inscriptions Grecques de leurs Idoles, tout cela peut-il avoir été découvert par ces Peuples guerriers, qui n'eurent d'Arts que ceux qu'ils prirent des autres ? N'est-il pas clair que tant de rapports ne peuvent se rencontrer, si les Obotrites n'eussent pris des Grecs, & ces idées, & l'Art de les représenter ?

L'inscription qu'on lit sur le devant de la Statue de Percunust, faisant partie de la prière qui lui étoit consacrée par les *Samogites*, nous décèle une ancienne coutume que les Grecs prirent vraisemblablement des Egyptiens, lorsque Danaüs & Cécrops vinrent s'établir chez eux, & qu'ils communiquèrent encore aux Obotrites : l'autre inscription *Percunust en Romace*, que M. Masched croit avoir relation au culte de cette Divinité en *Prusse*, pourroit peut-être s'expliquer toute entière par la Langue Grecque ; car la préposition *en*, qui correspond à l'*in*, *per*, *inter*, des Latins, appartient à cette Langue, dans laquelle le mot Rome ; d'où Romace eſt formé, ſignifie *robur*, *potentia*, qui marque la force & la puiſſance du Dieu du tonnerre.

Nemiſa-Rab-Arcon, ſelon M. Maſched, eſt le même que le *Swantewit* adoré dans *Arcona*, Ville principale de l'Iſle qu'on appelle aujourd'hui *Rugen*. C'étoit le Dieu de la *vengeance* chez les Obotrites. Sa tête rayonnante, comme celle que les Grecs donnèrent généralement à toutes leurs Divinités, & qui eſt devenue l'Auréole de nos Saints, ſignifie, dans cette figure, que la vengeance Divine eſt éclairée, qu'elle voit par-tout, qu'on ne peut rien lui cacher. Le nom de ce Dieu, ſon emploi, ſuffiſent pour indiquer ſon origine ; c'eſt la *Némèſe* ou l'*Adraſtrée* des Grecs ; *rab*, abrégé de *rabdeïa*, ſignifioit chez eux *châtiment par la verge* ; c'étoit celui des eſclaves : il ſe lie avec *Arcon* dont on a ſupprimé l'H, & qui exprime un *Prince*, un *Chef*, d'où vint le nom d'*Archonte* aux Magiſtrats Athéniens ; dans la décompoſition de ces mots, dont les liaiſons ſont ôtées, pour en former un ſeul nom ; on ſent que celui qui en réſulte, eſt fait pour ſignifier que *Némèſe châtie l'inſolence des hommes les plus puiſſans* ; c'eſt exactement l'idée qu'en avoient les Grecs. Voilà pourquoi, dans ſes Attiques, Pauſanias dit, *Néméſe eſt de toutes les Divinités, celle qui s'irrite le plus contre l'inſolence des hommes.* Nous apprenons d'Ariſtote, qu'on l'appelloit Némèſe, parce qu'elle *traitoit chacun ſelon ſon mérite*, & *Adraſtée*, parce que *perſonne n'étoit aſſez fort ou aſſez puiſſant, pour échapper à ſa vengeance.* Les habitans de Smirne lui donnèrent des aîles, pour marquer qu'elle ſuit par-tout les coupables : dans les temps plus anciens, on ſuppléa à ce *ſigne*, par l'oiſeau qu'on lui mit à la main, & que l'on trouve dans cette figure des Obotrites. Le bâton qu'elle tient, eſt ſubſtitué à la branche de poirier, qu'on voyoit à la Némèſe de Ramnus, ſculptée par Phydias.

Cette Déeſſe, devenue un Dieu chez les Vendes, l'étoit

peut-être dans les anciens temps de la Grèce ; car cette transfiguration eſt encore dans l'eſprit de ſa Théologie : ſouvent elle adora la même Divinité ſous la forme des deux ſexes ; on trouvoit à Philiunte, Hébé, Ganimède ; Diane étoit révérée à Carres, ſous le nom du Dieu Lunus, c'eſt le *Zilzbog* des Vendes ; Virgile même appelle Vénus un puiſſant Dieu, *pollentemque Deum Venerem*: enfin, dans la Planche 12 du Ier. Volume de cet Ouvrage, on voit Némèſe ſous la figure ambigue d'un homme ou d'une femme.

Mais ſi l'on vient de retrouver les idées de la Théologie de la Sculpture, & les termes de la Langue des Grecs, employés dans toute leur ſimplicité, par les Peuples du Nord, on va voir juſqu'à la forme de leurs habillemens paſſer avec leurs Dieux chez ces mêmes Peuples. Le *Thyr* des Gots étoit proprement l'*Arès* des Grecs, le *Mars* des Romains : ce nom *Thyr* étant une contraction de *Thyreos*, qui ſignifie un *bouclier*, nous découvre qu'originairement Mars fut *ſignifié* dans la Grèce par un *bouclier*, & que les Gots empruntèrent d'elle le nom qu'ils lui donnèrent : c'eſt ainſi qu'il fut repréſenté par une *lance* chez les Sabins, & par une *épée* chez les Scytes. L'inſcription du Mars de Rhétra l'appelle *Swaitix-Belbog-Rhetra*, c'eſt-à-dire, le *Seigneur Dieu auxiliaire de Rhétra.* C'eſt le Mars *Proſtatérius*, ou *prêt à ſecourir*, des Grecs, qui donnèrent ce titre à l'Apollon de *Mégare*, à la *Vénus de Bon-Secours*, adorée à Mantinée, à la Cérès *Proſtaſie*, *qui donne du ſecours*, dont le Temple ſe voyoit à Sicyone.

Le mot *Bel*, connu dans la Grèce qui eut ſon Jupiter *Belus*, venoit des Orientaux, chez qui il ſignifioit *Seigneur*, *Dominus*, ou peut-être du mot grec *Belteros*, qui ſignifie *bon* : de ſorte que c'étoit le *Seigneur* ou *le bon Dieu de Rhétra.* Il eſt armé, dans la figure qu'on y a découverte, à la manière des Grecs, &, comme ſon armure n'étoit aſſurément pas celle des

Vendes; on ne peut douter qu'ainſi que les Romains, ils n'en ayent pris la forme de ces Peuples qui repréſentoient ſouvent ce Dieu tout armé ; tel on le peut voir à Rome ſur un médaillon exécuté par un de leurs Artiſtes, enlevé au *forum* de Trajan, & tranſporté ſur l'*Arc* de Conſtantin.

Je finis cette Analyſe qu'il me ſeroit aiſé d'étendre plus loin, ſi elle étoit de mon ſujet. Cependant je parlerai encore du *Radegaſt*, adoré ſous différens noms dans l'Allemagne ; ce Héros n'eſt pas copié, mais imité des Grecs, d'une manière qui montre combien les Sculpteurs Obotrites ont été aſſervis aux modèles de leurs anciens Maîtres. Celui qu'on a trouvé à Rhétra, porte ſur le bras droit le mot *Bel*, qu'on peut traduire, comme on le voit dans le Texte, par *Seigneur* ou *Bon*, qualités qui conviennent également à la Divinité.

Des paroles *Bel-Bog*, qu'on lit ſur la cuiſſe gauche de *Radegaſt*, la dernière eſt le nom générique de *Dieu*. Le mot *Radegaſt*, gravé ſur ſon épaule, correſpond à *Conſeiller* ou *Conſeillère*, titres donnés à Jupiter & à Minerve. Ce Héros eſt nud, à la manière de ceux des Grecs ; ſa tête eſt celle d'un chien ou d'un lion ; l'un eſt le ſymbole de la fidélité, l'autre celui de la force, également néceſſaires dans les conſeils que l'on donne & que l'on prend. Il a un oiſeau ſur la tête ; c'étoit un attribut des anciennes Divinités, dont il montroit la nature élevée au-deſſus de la matière, & comparée à celle de l'air, dans lequel vivent les oiſeaux. Minerve Conſeillère portoit quelquefois la chouette ſur ſon caſque ; on la lui voit en main dans quelques figures en bronze. Mais ce qui me ſemble le plus remarquable dans celle-ci, c'eſt la tête de bœuf qu'elle tient tournée vers ſa poitrine ; cette tête, comme on le verra bientôt, eſt le ſymbole de Bacchus, que Radegaſt conſulte, ſans doute pour montrer que les bons conſeils viennent des Dieux. La hache d'arme, placée dans ſon autre main, ſignifie que l'on doit exécuter, avec vigueur, ce

que

que l'on s'est conseillé avec prudence ; Radegast passoit pour le Conseillerdu Dieu unique, ce qui signifioit qu'il étoit fort prudent, & répond au terme Αντίθεος qu'Homère donne souvent à Ulysse. Ce Dieu unique étoit sans doute le *Bel-Bog*, qui correspond au Jupiter *bienfaisant*, comme le *Zernebog* ou mauvais Dieu, paroît répondre au *Vejovis*, ou Jupiter courroucé.

Le *Podaga* qu'on adoroit à *Ploën* dans le *Holstein* & dans la *Bohême*, présidoit à la fécondité ; aussi tenoit-il la corne d'abondance, qui chez les Grecs en étoit la marque. Les demi-Dieux des Obotrites, comme les Satyres, les Tritons, les Syrênes des Grecs, étoient des demi-monstres, & comme on l'a vu, leurs grandes Divinités ainsi représentées, ne s'en éloignoient pas beaucoup.

Des animaux, quels qu'ils soient, placés sur la tête, dans la main, à côté d'une figure, en constatoient la Divinité chez les Grecs comme chez les Vendes. Phydias avoit sculpté des cerfs sur la tête de Némése ; la chouette, des chevaux mêmes & des gryphons, se trouvent souvent sur celle de Minerve : & dans la Planche 28 du second Volume de ce Livre, au-dessus de la tête de Vénus, on voit une colombe, à laquelle un Génie présente une grenade, fruit consacré à cette Déesse, comme le myrthe dont est fait la couronne qu'il tient en main. Le même oiseau, soutenu par un autre Génie assis sur un Autel, semble présider, comme Vénus même, à l'une des fêtes de Paphos ou d'Amathonte, représentée par cette peinture. Je trouve parmi les monumens Vandales découverts en Sardaigne, une figure remarquable, elle me paroît être la *Vénus* ou la *Sicba* des Vendes ; on la reconnoît à la Grenade ouverte, qu'elle tient des deux mains, c'est le signe de son sexe. Au lieu du singe que les Germains lui mirent quelquefois sur la tête, celle-ci est coëffée par le col d'un oiseau dont les aîles semblent s'attacher à ses épaules, c'est vraisemblement une colombe : la queue, avec le reste du

PL. 42.

PL. 43.

corps de l'animal, ſemble faire partie de la figure, à laquelle néanmoins elle ſert de lit : cette figure ſe termine par des pattes
Pl. 44. d'oiſeau, ce qui la fait reſſembler aux Syrênes des Grecs.

Cette figure, en pierre rouge, eſt d'une compoſition, qui, bien que fort éloignée d'être belle, eſt néanmoins aſſez ingénieuſement tournée : le travail en eſt un peu ſec, & le goût gothique. Je l'ai repréſenté ici, de toute ſa grandeur; c'eſt pour en faire entendre les détails, qu'on l'a deſſinée de trois côtés. Elle eſt tirée du Cabinet de M. le Docteur Meſny, comme toutes les figures de ce genre, dont je parlerai dans la ſuite.

On voit dans le même recueil, d'où j'ai tiré la figure précédente, une des Divinités de la mer, ſous la forme d'un poiſſon à tête humaine : les Tritons des Grecs étoient repréſentés à-peu-près de la même manière, à l'exception néanmoins qu'ils étoient hommes par la moitié de leurs corps, & que leurs bras étoient toujours en action, au lieu que ceux de cette figure ſont pendans le long des côtés, ce qui montre les premiers eſſais qu'on
Pl. 48. a fait de cette forme, dans laquelle on n'oſoit encore s'éloigner de celle du poiſſon qu'on ſe propoſoit d'imiter. Au lieu d'écailles, celle-ci eſt revêtue d'une peau de loutre, amphybie que je crois plus commun dans la mer du Nord, que dans celle de la Grèce; cette peau eſt peut-être le ſeul changement que ces Peuples ont fait au modèle qu'ils en avoient reçu.

Un morceau, tiré de la même collection, fait encore
Pl. 45. mieux ſentir les rapports que la Sculpture & la Religion des Vandales eurent avec celles des premiers Grecs : il repréſente Diane; un papillon de nuit, placé ſur la tête de cette figure, eſt le ſymbole de cette Déeſſe, reconnoiſſable d'ailleurs au croiſſant qu'elle porte ſur la poitrine.

Cette figure eſt repréſentée ſous trois faces différentes. Elle eſt d'une pierre très-tendre: le voile qui lui couvre la tête, est replié en trois; je crois qu'elle pourroit bien représenter la pleine lune, parce que son voile est destiné à indiquer la nuit, & qui, peut-être pour cette raison, servit, dans la suite, de modèle à la forme que l'on donna aux masques de marbre qui décoroient les Théâtres, son voile est ici arrangé de telle sorte, qu'il laisse voir la Déesse toute entière; comme la nuit semble se coucher &, pour ainsi dire, se masquer, lorsque, dans son plein, la lune éclaire tout notre Hémisphère: le voile de la figure que je décrirai après celle-ci, en couvrant moins de la moitié, mais un peu plus du tiers, parce que la base du triangle qu'elle forme, est plus grande qu'aucun de ses côtés, me paroît montrer la lune arrivée à son troisième quartier: quant à l'Autel, posé devant celle dont je parle, il me semble marquer les sacrifices qu'on offroit à Diane dans les pleines lunes, comme dans les Néoménies. Ses mains, posées sur cet Autel, signifient, à mon gré, qu'elle accepte les vœux qu'on lui adresse. Je n'entreprendrai pas d'expliquer les mots écrits en grecs sur les socles, & souvent sur les membres de ces figures, ils appartiennent aux Langues du Nord: je dirai seulement que sur l'une d'elle on trouve le mot *God* des Danois & des Anglois, & le *Got* des Allemands, chez qui il signifie Dieu, comme *Bog* le signifioit chez les Vendes, de qui vraisemblablement ces mots sont venus.

Pour exprimer les noms de *Triple-Hécate*, de *Trivia*, de *Triformis*, qu'on lui donnoit, le Sculpteur, qui devoit rendre sensible ces idées Grecques, a plié sa figure de telle sorte, qu'au moyen d'un Autel posé devant elle, & en applatissant les côtés de son visage & de sa coëffure, il a trouvé le moyen d'en faire une Déesse *Triangulaire*; je ne trouve que cette bizarre expression, pour rendre la bizarrerie de cette composition, qui ne laisse pourtant pas de *signifier* très-bien ce que l'Artiste a voulu faire comprendre; car elle m'a fait reconnoître une autre figure de Diane, qui n'a cependant aucun des attributs qu'on a coutume de lui donner. Celle-ci est disposée de manière que le milieu du Thorax s'élevant, forme, avec toutes les autres parties du corps, un angle très-sensible, dont les côtés se rejoignant au dos, font avec lui un triangle isocele, duquel la base est un arc de cercle, & le sommet un angle presque droit. Une sorte de voile plié, descendant de la tête, jusques sur la plinthe où pose la statue, a l'avantage de la présenter comme placée dans une niche triangulaire, & d'être en même temps le *signe* de la nuit indiquée par cette composition, comme un voile qui, enveloppant toute la nature, ne peut cependant couvrir l'Astre que représente cette étrange Divinité, qui, pour comble de singularité, a l'air d'un sérieux qui me fait rire en écrivant ceci; car je l'ai sous les yeux.

Ces figures Vandales, où la forme naturelle des choses est manifestement altérée par le signe, ayant été déterrées & faites en Sardaigne, au moins pour la plupart, puisqu'elles sont en terre cuite, ne peuvent être plus anciennes que le cinquième siècle de notre Ere.

Quelques-unes de ces figures sont exécutées en pierres rouges ou grisâtres, assez tendres, capables cependant d'un poli inférieur à celui du marbre. D'autres sont d'une pierre, qui par son grain, ressemble au grais, & par sa légèreté aux pierres-ponces, dont elle n'a pourtant pas toutes les qualités, car elle n'est pas poreuse, comme elles le sont ordinairement. La plupart est en terre cuite, quelquefois recouverte d'un vernis tel que celui des vases qu'on appelle Etrusques; quelquefois elles sont peintes d'une couleur rouge, telle que celle des Bacchus de Panthée, dont nous avons parlé. J'en ai vu deux en bronze, d'une fonte très-mauvaise & digne de l'ignorance des temps où je crois qu'elles ont été faites. Elles sont jettées massives, en cuivre noir, & dans des moules mal préparés; ce qui au premier coup-d'œil feroit croire qu'elles font contrefaites. Parmi ces monumens, on en trouve qui appartiennent aux Sarrazins, qui vinrent en Sardaigne quelques fiècles après les Vandales & les Gots. Ces Peuples étoient un mélange d'Arabes, de Maures & de quelques reftes des peuples du Nord, qui femblent avoir réuni toutes les fuperftitions, fur lefquelles prévalut celle du Mahométifme.

C'eft en 456, que, felon Vict. Vittenf., *Lib.* 1, Genferic, établi en Afrique, défola la Sicile, la Sardaigne & prefque toutes les côtes de l'Italie. Ses troupes, felon Pofid., *Cap.* 28, compofées de Vandales, d'Alins, de Maures & de Gots, étoient moitié Ariennes, moitié Payennes. Les Gots s'emparèrent des Ifles de Corfe & de Sardaigne, vers l'an 551. Huneric, fils de Genferic, rélégua, dans cette dernière, une partie des Evêques d'Afrique. Si l'on réfléchit que ces figures font évidemment compofées fur des idées grecques, dans un ftyle qui sûrement n'étoit plus connu en Grèce, lorfqu'elles ont été exécutées, mais qui exiftoit avant Dédale, & fut certainement abandonné peu de temps après lui. On ne peut fe difpenfer detirer de ceci deux conféquences; l'une, que les Peuples, dontnous viennent ces monumens, n'abandonnèrent jamais la méthode des anciens Sculpteurs de qui ils l'avoient prife, qu'ils la maintinrent précifément telle qu'ils l'avoient reçue, & pour que cela foit, il faut que des idées de fuperftition, ou quelques autres motifs qui nous font inconnus, les ayent empêchés de changer les formes, & contraints d'imiter toujours les modèles qu'on leur prefcrivoit, comme les Grecs eux-mêmes le furent par rapport à la repréfentation de la Diane Ephéfienne. Par la feconde conféquence, qui découle de ces obfervations, ce fut néceffairement vers les règnes d'Egée & de Théfée, où vécut Dédale, que ces Peuples reçurent les principes de leur Sculpture, & avec eux les modèles, dont ils nous ont tranfmis les copies, prefque fans aucune altération. Voilà pourquoi on ne trouve ; dans ces monumens, que des figures afteintes au figne, où, dans lefquelles étant fupprimé, l'altération ne fe reconnoît plus que dans les proportions ; ce qui indique deux temps ; l'un, celui qui précéda Dédale, l'autre, celui qui s'introduifit prefqu'en même temps que ces découvertes, mais qui fe corrigea promptement, & qui n'exiftoit prefque plus dans les temps du fiége de Troye.

Pour achever de prouver ce que je viens d'avancer, de la conftance avec laquelle les Vandales, je comprends, fous ce nom, la plus grande partie des Peuples du Nord, conférvèrent l'ancien ftyle ; j'obferverai que s'ils euffent ou voulu, ou été capables de changer quelque chofe d'effentiel à leurs modèles, on remarqueroit quelque différence dans les caractères des têtes de leurs figures ; au lieu qu'à l'exception de l'âge, que nous avons montré qu'on favoit déjà rendre avant Dédale, toutes leurs têtes femblent faites fur une forme donnée, de laquelle on ne s'eft jamais départie. Cette forme cependant, toute groffière qu'elle paroît, & qu'elle eft effectivement, fait le fondement de celle que les Grecs donnèrent dans la fuite à leurs figures, comme s'en eft très-bien apperçu l'habile Artifte qui a eu la complaifance de me deffiner celle-ci ; ce n'eft même qu'en les deffinant ou les confidérant de très-près & à plufieurs fois, qu'on peut s'appercevoir d'une chofe qui, comme celle-ci, eft tout-à-fait contraire aux apparences. Il eft néanmoins vrai que, dans environ cent quarante morceaux de cette efpèce, compris dans la collection de M. le Docteur Mefny, on remarque, dans les têtes de Bacchus, du Dieu Pan & d'Hercule, qui s'y trouvent en affez grand nombre, quelques traces légères d'un caractère particulier, toujours attaché à la même repréfentation, mais qui, malgré leur foibleffe, font déjà fuffifantes pour en faire reconnoître l'objet, & pour nous montrer que dès-lors on commençoit à sentir le besoin qu'on avoit d'approfondir l'Art, & de trouver les moyens de donner ce caractère, qui en est une des parties les plus sublimes; ce qu'on en avoit découvert étoit, à la fois, le germe de celui qu'on sent employer dans la suite, & la plus grande preuve que l'on puisse donner de la grande antiquité des modèles, d'après lesquels ces figures ont été faites.

De même que les Médailles antiques nous apprennent souvent quels furent les Dieux, les Productions, les Arts mêmes, des Villes & des Pays où elles ont été frappées, ainsi ces monumens Vandales, après nous avoir fait connoître par le style de leur composition, les temps où leurs originaux ont été exécutés, peuvent encore nous servir à retrouver les traces de la marche de la Sculpture, en nous indiquant les pays dont elle partit, & ceux qu'elle parcourut avant de parvenir dans la Vandalie.

On a vu qu'après la défaite des Princes Titans, Prométhée alla s'établir vers les Monts Caucase. C'est entre la chaîne des montagne qu'ils forment, & le Pont-Euxin, qu'est située la Colchide, où il porta la Sculpture qu'il avoit inventée. Cette fertile contrée étoit dès-lors très-connue des Grecs, puisqu'Aétes, père de Médée, abandonna l'Epirée qui lui étoit tombée en partage, pour venir régner dans la Colchide; Phryxus, son parent, fils d'Athamas, Roi de Thèbes, fuyant la persécution d'Ino, mère de Mélicerte, vint se réfugier à sa Cour. C'est lui dont les trésors usurpés par Aétes, devenu son beau-père, donnèrent lieu à l'expédition des Argonautes. Rien ne prouve mieux cette communication de la Colchide avec la Grèce, & dans le même temps celle de leurs Arts, que l'enlevement de la Statue du Mars *Theritas*, apporté de Colchos par les Dioscures, & placé par eux dans un Temple que l'on voyoit sur la route d'Amycle à Téraphné; car il faut que la Sculpture ait fait, dans l'un de ces pays, les mêmes progrès qu'elle avoit fait dans l'autre, sans quoi il n'est pas croyable qu'on se fût donné la peine de transporter cette statue en Laconie, si elle eût été inférieure à celle qu'on y faisoit alors.

Phrixus, suivant la coutume de ces temps anciens, porta dans sa retraite le culte de Bacchus, nouvellement introduit dans la Béotie d'où ce Prince sortoit, & dans laquelle ce Dieu étoit regardé comme très-redoutable à ceux qui osoient le mépriser. C'est par son moyen que ce culte parvint dans la Chersonèse *Taurique*, qui n'est séparée de la Colchide, que par le Bosphore Cimmérien. Les Grecs donnèrent alors à cette Péninsule un nom pris de la figure du Dieu qu'elle adoroit; car ce Bacchus, qui venoit des Arabes aux Phéniciens, étoit vraisemblablement originaire d'Egypte, & fut d'abord révéré sous la forme d'un taureau, auquel on donna, dans la suite, une tête humaine. C'est ainsi que le représentèrent plusieurs Villes de la Grèce, de la Sicile & de l'Italie, comme on le peut voir par les Médailles qui nous sont restées d'elles. La statue de Diane *Orthia*, qu'Oreste enleva de *Tauride*, & qui existoit bien avant le siége de Troye, montre assurément que, dès le temps dont nous parlons, la Sculpture & les Divinités de la Grèce étoient connues dans cette *Péninsule* qui faisoit partie de la petite *Scythie*.

La superstition, multipliant les représentations des Dieux, favorisa beaucoup la Sculpture, par l'intérêt qu'elle fit prendre à ses ouvrages, & ses ouvrages contribuèrent, de leur côté, à étendre de proche en proche les objets de la superstition, & à faire connoître les Dieux qu'ils représentoient. Plus la forme du Bacchus, adoré dans la Tauride, étoit extraordinaire, plus elle dut paroître mystérieuse, plus elle dut produire une grande impression sur des Peuples *barbares* comme l'étoient les *Scythes*, ainsi que les *Gètes*, les *Sarmates* & les *Sauromates*, leurs voisins. Ces derniers, resserrés entre les *Palus Méotides* & les

Monts

Monts *Riphées*, n'étoient séparés que par eux de cette partie de la *Sarmatie*, qu'on appelle aujourd'hui la *Lithuanie*, Pays autrefois occupés par les *Alains* ; mais comme les monumens *Vandales*, de même que ceux des *Vendes*, nous montrent des Dieux communs entr'eux, les *Alains*, les *Sauromates*, les Peuples de la *Tauride* & ceux de la Grèce ; on est forcé de croire que c'est par le moyen des *Sauromates*, originaires de la *Sarmatie*, que les anciens habitans de la *Lithuanie*, de la *Prusse* & du *Mecklen-Bourg*, reçurent, avec le culte de la *Tauride*, les Arts qui lui étoient venus de la Grèce : voilà pourquoi la tête de Bacchus, sous la forme de Taureau, se trouve dans les mains du *Radegast*, trouvé à Rhétra ; comment cette tête de Taureau se rencontre si fréquemment dans les monumens Vandales, découverts en Sardaigne ; j'en ai un sous les yeux qui représente le buste de Bacchus, avec la tête rayonnante, & le taureau sur la poitrine ; celui que j'ai fait représenter ici, Planche 49, est avec des jambes de taureau. Il tient la tête de cet animal entre les Pl. 49. mains : dans quelques autres, il est représenté tantôt droit, tantôt assis, avec des cornes & des pieds de bœufs ; enfin on le voit quelquefois avec une figure qui semble le soutenir, comme les Prêtres, ou la Déesse Isis, soutiennent le jeune Horus dans les monumens Egyptiens.

Quoique très-probable, ce que je viens d'avancer ne me paroîtroit qu'une opinion, qui, pour être nouvelle & de mon invention, ne m'en sembleroit ni mieux fondée, ni moins suspecte, si des preuves, tirées de la nature même des choses, accordant les observations appuyées sur les Antiquités parvenues jusqu'à nous, avec le peu que nous savons de l'Histoire des anciens Peuples, avec la marche nécessaire de l'esprit humain & celle des Arts, ne m'engageoient pas à la regarder comme une de ces vérités historiques, que la combinaison des rapports qu'ont entr'eux les objets, fait souvent découvrir. Cette vérité n'eſt pas écrite dans les Auteurs de ces Nations, qui, pour ne pas reconnoître les lettres, n'en étoient peut-être pas moins heureuſes ; mais elle l'eſt dans une ſuite de monumens faits il eſt vrai, pour des Particuliers, mais qui peuvent néanmoins être regardés comme ayant appartenu au culte public, dans leſquels on les peut lire avec plus de confiance qu'on ne le feroit dans les livres qui, étant toujours exécutés ſans autorité, n'ont jamais l'authenticité des monumens érigés par des Nations entières, avec un ſcrupule d'autant plus vraiſemblable, que leur objet, regardant la Religion, a dû leur paroître plus important. Ces monumens ne peuvent tromper ſur les coutumes qu'ils repréſentent, puiſqu'ils ſont faits par les peuples mêmes, chez qui ces coutumes étoient en uſage, & pour ſervir à des hommes à qui elles étoient trop familières, pour qu'on pût les leur déguiſer.

Dans une Peinture, exécutée ſur une friſe déterrée à Herculanum (1), on voit une petite Statue de *Diane Taurique*, devant laquelle Oreſte & Pilade paroiſſent enchaînés. Cette Diane eſt dans une ſorte de niche ou boëte ouverte, pour laiſſer voir en entier la figure qu'elle renferme. Comme rien de ſemblable ne ſe trouve dans aucun monument antique, excepté dans ceux des Vandales, cette Peinture & ces monumens nous découvrent un uſage particulier à la Tauride, ainſi qu'à la Vandalie : c'étoit de renfermer les ſtatues des Dieux dans des eſpèces de Tabernacles deſtinés à les conſerver. Il paroît que ceux de la Tauride étoient conſtruits, de manière que leurs parois, faits de bois, de peaux ou d'autres matières pareilles, pouvoient s'enlever & ſe remettre ſuivant le beſoin : quant à ceux des Vandales, ils étoient diſpoſés de telle ſorte, que la figure, ſe tirant de l'étui

(1) Voyez Planche 48. Tome 1er., Antiquités d'Herculanum par David.

qui la contenoit, étoit arrêtée vers son ouverture par des chevilles, au moyen desquelles elle restoit solidement placée sur cet étui, comme sur un piédestal.

Le Bacchus, représenté sous la forme d'un *bœuf*, par les Egyptiens, les Arabes & les Phéniciens, se composa dans la Grèce, de la figure humaine & de celle de cet animal, qui rappelle son origine. Arrivé en Tauride, il y fut, suivant la mode du Pays, enfermé dans une boëte, avec laquelle on le représenta dans les figures en petit, que l'on en fit pour l'usage des Particuliers; tel est celui que l'on voit dessiné ici.

Voyez les figures Pl. 54 & 55. La première représente un Bacchus qui sera décrit ci-après. La seconde est la figure de Mars; on a donné à la boëte, faite pour le contenir, la forme d'un mur, pour signifier qu'il est un des Dieux qui veillent à la défense des Villes. On voit, dans quelques-uns de ces monumens, un Atys en pierre rouge, il est dans un panier; la pomme de pin qu'il a sur la tête, & qui forme un bonnet Phrygien, le rend reconnoissable. Ces peuples se servoient de paniers ou de boëtes, pour y enfermer leurs Dieux; ce qui me feroit croire que l'usage des Temples étoit inconnu dans la Tauride, dans le tems que le culte des Grecs y fut transporté. PL. 55.

La figure de ces Bacchus, ainsi que celle du Mars dont il s'agit ici, se trouve Planche 55 & 56. Je vais rapporter ce que Pausanias dit de cette armure, *Lib.* I, *Cap.* 21. « Voici comment les *Sauromates* font leurs cuirasses. Ils nour- » rissent une grande quantité de chevaux, car chez eux la terre » est en commun, & n'est fertile qu'en pâturages & en forêts; » de sorte qu'à proprement parler ce sont des Nomades qui vont » errans çà & là. Outre le service qu'ils tirent des chevaux pour » la guerre, ils en immolent à leurs Dieux, & en tuent pour » leur propre nourriture; mais ils en ramassent soigneusement » la corne des pieds, la nettoyent bien, & la coupent comme par

» avec la corne du pied des chevaux, ressemble donc à une » pomme de pin ; car ils percent tous ces morceaux de corne, » les couchent à demi les uns sur les autres, puis les cousent » ensemble avec des nerfs ou de bœuf, ou de cheval, & par» viennent enfin à en faire des cuirasses, qui sont aussi propres, » aussi bien travaillées que celles des Grecs, & qui ne résistent » pas moins ; de près comme de loin, elles sont à l'épreuve du » fer : il s'en faut beaucoup que les cuirasses de lin soient aussi » bonnes à la guerre : nn coup de pique ou d'épée bien assuré, » les perce, mais elles sont excellentes pour la chasse, parce » que les dents des léopards & des lions rebouchent contre.

En passant de la Tauride dans les pays adjacens, les figures des Dieux conservèrent l'idée de cette boëte, avec les autres formes qu'elles avoient avant d'y arriver. Car je trouve encore dans ces Idoles Vandales, celle de Bacchus représenté sous la forme humaine, mais avec des cornes sur la tête. Cette figure s'éloignant déjà plus de la forme primordiale, que ne le faisoit l'*Hébon*, se rapprochoit davantage de celle que l'on donna dans la suite à ce Dieu. Elle mérite encore d'être considérée, en ce qu'elle conserva son armure grecque, comme le Mars de *Vendes* trouvé à *Rhétra* ; & ce qui est très-remarquable, c'est que l'on a affecté de détailler, dans cette armure, des *écailles* qui ne conviennent absolument qu'aux cuirasses des Sauromates, comme elles sont décrites par Pausanias, & telles qu'on les voit à Rome sur la base de la colonne Trajanne. Cette particularité ne peut être l'effet du hazard ou du caprice de l'ouvrier ; car elle est répétée dans une Idole de Mars, que j'ai fait dessiner dans une Planche de cet Ouvrage Cette figure porte le casque commun aux *Sauromates* & aux *Scythes*, dont il représente le bonnet que l'on trouve souvent sur les monumens Grecs & Romains. La comparaison de ces deux figures nous montrent, d'une part, que Bacchus fut regardé par ces Peuples

» *écaille*; vous diriez d'*écailles de dragons* : si vous n'avez ja-
» mais vu d'écailles de dragons, imaginez-vous une pomme de
» pin qui est encore verte ; l'ouvrage que font ces Barbares
comme l'une des Divinités qui présidoient à la guerre ; car sans cela il ne seroit pas armé ; elle nous fait voir, d'un autre côté, que le modèle de la Statue de ce Dieu, reçu des Grecs par les habitans de la Tauride, chez qui il s'étoit conservé, passa chez les Sauromates, tel qu'il étoit sorti de leurs mains ; & puisqu'il est en partie vêtu à leur manière, on voit qu'ils mêlèrent à son habillement une particularité qui, rappellant un de leurs usages particuliers, étoit destiné à caractériser un Dieu propre à leur Nation. C'est ainsi que les Idoles, comme les maximes religieuses, sans changer quant à la substance, empruntèrent cependant une teinte différente du goût & des opinions qui se rencontrèrent dans les pays où elles furent transportées.

Les *Sauromates* ayant communiqué le culte & les formes de leur Bacchus aux *Sarmates*, dont ils n'étoient séparés que par les Monts *Riphées*, & qui habitoient le pays qu'on appelle à présent la *Lithuanie* ; sa figure y prit, avec le temps, quelque chose de la nature de bœufs sauvages, qui même aujourd'hui y sont encore fort communs. On sait que les cornes de ces animaux ne s'élèvent pas sur leur tête comme celles de nos bœufs domestiques, mais qu'elles s'étendent sur les côtés en forme de croissant ; leur substance est aussi plus compacte & moins lisse que celle des cornes de ces derniers. C'est manifestement pour exprimer ces différences spécifiques, que les anciens habitans de la *Lithuanie* donnèrent à leur Bacchus des cornes qui descendent le long des côtés de sa tête, & dont le grainet's indique la différence de la matière des cornes des buffles & des bœufs ordinaires. Sa barbe prit aussi, dans la Sarmatie, une coupe différente de celle qu'elle avoit en Grèce ; car elle y étoit toujours arrondie par son extrêmité, au lieu que dans le Nord elle fut

Pl. 56.

coupée quarrément, comme on le peut obſerver dans la figure Planche 56.

Plutarque *in Mario*, rapporte que les Cimbres ayant emporté, l'épée à la main, le fort qui couvroit la tête du pont de l'Adige, vaillamment défendu par les Romains, charmés de leur bravoure, ces Peuples courageux leur accordèrent une capitulation honorable, & *jurèrent ſur un Taureau de cuivre d'en obſerver les Articles :* ce Taureau qu'ils perdirent, avec la bataille où ils furent défaits par Marius & Catulus, tranſporté à Rome dans la maiſon de ce dernier, y fut conſervé comme un glorieux témoin d'une victoire, à laquelle ce Général eut la principale part. Ce fait prouve que le Taureau, qui repréſentoit le Bacchus des Cimbres, étoit, comme je l'ai dit, l'un de leurs Dieux guerriers. Voilà pourquoi, dans trois Idoles des Vandales, Peuples
Pl. 58. ſortis de la Cherſonèſe Cimbrique, on trouve la figure de Bacchus Taureau, poſée ſur le bout d'un fourreau d'épée (1), pour montrer qu'il étoit le protecteur de leurs entrepriſes militaires, & peut-être le garant des traités que leurs épées & leur courage les mettoient en état de faire avec honneur. Au reſte, cette pratique de la Religion des Cimbres paroît tenir beaucoup de celle des anciens Grecs, lorſqu'ils écrivoient ſur la peau d'un bœuf immolé aux Dieux, les traités dont, par cette cérémonie, ils juroient l'obſervation.

Comme les Cimbres empruntèrent des Sarmates la connoiſſance du Bacchus des Grecs, il paroît que les Vandales prirent des Cimbres, avec les uſages religieux de ſon culte, les modèles des figures qui nous le repréſentent. Mais le plus ſingulier, & vraiſemblablement l'un des plus anciens de tous les Bacchus, c'eſt celui qui, dans une double tête, le repréſente à deux âges

(1) Ces bouts de fourreau d'épée étoient de bronze.

différens ; l'un ayant de la barbe, l'autre n'en ayant point ; comme les Grecs le représentoient souvent. Pour mieux caractériser celui qui est *imberbe*, on a placé sur la boëte, dont il semble sortir, une tête de Taureau qui le fait reconnoître ; au moyen de sa double face & de ses quatre bras, il rappelle très-exactement l'idée exprimée par les épithètes *Dyph'es*, données par les Grecs à Cécrops, & celles de *Geminus*, *Biformis*, *Bifrons*, données à Janus par les Latins, pour les raisons que nous avons dites ailleurs. PL. 54. PL. 53.

La Tauride paroît cependant n'avoir pas été le seul pays, par le moyen duquel les Arts de la Grèce passèrent dans le Nord ; car les monumens des Peuples qui l'habitoient, semblent nous indiquer les vestiges d'une autre route qui les conduisit jusques dans la Samogitie, vers les confins de la Courlande & de la Vandalie, d'où ils passèrent dans le reste de la Germanie, dans la Suède & la Russie même.

Les Arcadiens, laissés, comme nous l'avons dit, par Dardanus dans l'Isle de *Samos*, y maintinrent constamment les Mystères institués par ce Prince. Cryse, sa femme, l'instruisit, selon Denys d'Halicarnasse, des cérémonies du culte des grands Dieux ; ces Arcadiens sont appellés Pélasgues par Hérodote, sans doute parce que les uns, ainsi que les autres, sortoient du même pays : leurs ancêtres, car ils avoient une origine commune, ayant institué l'Oracle de Dodône, sur le plan des Oracles de l'Egypte, il paroît que ce fut aussi d'elle qu'ils prirent le modèle des cérémonies employées dans leurs Mystères ; puisqu'indépendamment de l'initiation, pratiquée à Samos comme à Memphis, on y trouve encore une Langue secrète, qui se conserva chez ces Insulaires bien plus long-temps que chez les Egyptiens mêmes, s'il est vrai qu'elle existoit en grande partie, lorsque Diodore de Sicile écrivoit son histoire ; comme nous trouvons des institutions & des coutumes à-peu-près ſemblables, ainſi que des Dieux qui, ayant été communs à l'Égypte, à la Samothrace, à la Samogitie & aux Vandales, furent repréſentés par leurs Sculpteurs de la même manière, il entre dans le deſſein de cette hiſtoire, de rechercher par quelle voie les modèles de ces Dieux ont pu être tranſportés en des climats ſi forts éloignés les uns des autres.

Peu après le départ de Dardanus pour la Phrygie, une Colonie de *Thraces* vint s'établir dans l'Isle de *Samos*, qu'elle partagea avec les *Arcadiens*, ce qui lui fit donner le nom de *Samothrace.* Le commerce de ces nouveaux Colons avec leur ancienne Patrie, y fit connoître les Myſtères, auxquels, à leur exemple, d'autres Thraces s'aſſocièrent. Ces Myſtères ſe corrompirent chez eux ou par eux; car ils y introduiſirent le culte obſcène de *Cotyto*, c'eſt en quelque ſorte la *Vénus Vulgaire* d'Harmonie, peu différente, bien qu'encore plus immodeſte, que la *Siéba* des Vandales; on la trouve particulièrement repréſentée dans une de leurs figures, qui, par ſon attitude, ne laiſſe aucun doute ſur les proſtitutions employées dans ces Myſtères, où l'on ſe ſervoit de machines faites exprès pour les faciliter, & que l'on reconnoît encore dans ces monumens.
PL. 60. Avec cette étrange Divinité, les Thraces communiquèrent à leurs voiſins, ainſi qu'ils le firent aux Grecs, la Théologie de leur Orphée, ſemblable, au moins quant aux rites, à celle de Cryſe, puiſqu'Orphée s'étoit initié aux Myſtères de Samothrace, où il l'avoit appriſe. Cette Théorie & les Dieux qu'elle avoit pour objet, furent reçus d'une partie des *Gètes*; & comme leur culte venoit de *Samos*, cela les fit appeller Samagètes.

On peut voir, Planche 60, le profil de la figure Vandale de cette étrange Déeſſe, qu'il ne convenoit pas de repréſenter de face: elle eſt en terre recouverte d'une couleur noire, le matelas bizarre & l'oreiller ſur leſquels elle eſt couchée, ſont clairement détaillés, de même que la forme ſingulière du du lit où elle repose. Ce monument absolument unique, est le seul qui puisse nous donner une idée de la manière dont cette Divinité fut représentée par les Grecs. On reconnoît leur goût, à la ceinture que porte cette Idole, & qui étoit propre à Venus, de même que le collier de perle qu'elle a autour du col : il paroît qu'on a cherché à la rendre encore plus reconnoissable par l'indice naturel de la lubricité, convenable à la Déesse de la *débauche*. Les *Pélasgues* de *Samothrace*, au rapport d'Hérodote, introduisirent dans Athènes la manière indécente dont on y représentoit Mercure. Il est probable qu'ils l'avoient prise des Thraces alliés avec eux, & qu'ils en reçurent aussi le culte de *Cotyto*, comme les Athéniens qui, suivant Strabon, *Lib. X*, prirent d'eux ce culte extravagant qu'Eupolis joua en plein Théâtre, & auquel Alcibiade s'étoit associé : ceci justifie bien ce que Clément d'Alexandrie dit des obscénités qui se commettoient dans les M stères de cette Isle, & qui ont paru incroyables à quelques critiques.

Ces Peuples Nomades habitoient une vaste solitude qui, des frontières de la Thrace & de la Dacie, s'étendoit, d'une part, jusqu'à l'Hypanis, & confinoit, de l'autre, au rapport de Strabon, jusqu'au pays des *Suèves*, auxquels ils firent sans doute connoître la Déesse Isis. Ce sont ces *Gètes* & ces *Suèves*, que l'on vit en différen temps traverser la forêt Hercynie, pour aller s'établir, les premiers vers les confins de la Pologne, les seconds dans le voisinage de Vandalie, & comme ils donnèrent aux habitans de ces Contrées la forme du culte & celle des Dieux qu'ils avoient apportés, on ne doit pas être surpris si l'on retrouve dans leurs monumens religieux les traces de ce culte, &, comme on va le voir, la forme de ces Dieux.

Voilà d'où vient qu'on lit sur le *Percunust* des *Vendes* un fragment de la prière des Dieux *Samogites*, écrit sur le corps même de sa figure, à la manière des Egyptiens & des Pélafgues. Ces formules de prières tiennent peut-être à celles des anciens M ftères de Samothrace & de Memphis, dont elles pourroient être tirées, comme les Dieux à qui on les adreffoit. C'eft auffi la raifon pour laquelle les Peuples du Nord eurent des lettres myftiques, dont leurs Prêtres gardèrent le fecret pendant long temps, & que l'Evêque Arrien Ulphilas publia, dans le même but qu'eurent les Pères de l'Eglife Grecque, de chercher à combattre le Paganifme, en révélant les fecrets de fes Myftères, dont cependant, malgré leurs efforts, ils ne purent jamais découvrir que peu de chofes. C'eft encore pourquoi, dans une figure Vandale, où je crois reconnoître la Juno *Ægioca* des Grecs, à la peau de chèvre dont fes mains font enveloppées, on trouve une prière gravée en creux, fur une plinthe attachée au corps de la Déeffe, felon la manière Egyptienne. Je retrouve encore, dans ces monumens, un Atis placé dans une niche devant une ftatue de Cybèle, comme Horus l'eft dans celle qui fe voit au Cabinet du Roi de Naples, à *Capodi Monte* : c'eft auffi pour ces mêmes raifons, que, dans plufieurs *Amulettes* Vandales, on voit Bacchus déguifé fous la forme de l'Horus même, traité néanmoins dans le goût de la Sculpture des anciens temps de la Grèce, mais reconnoiffable au flocon de cheveux, qui lui pend du fommet fur un des côtés de la tête ; c'eft enfin ce qui fait que l'on rencontre fouvent le *Cercopithèque* parmi les Dieux des Vandales & des Germains, comme parmi ceux des Egyptiens, & de ces Grecs qu'on appelloit *Pythécufes* ; je rencontre parmi leurs Idoles, un Prêtre de ces Dieux ridicules, couvert d'un bonnet en ufage chez les Thraces, & tenant en main un terme à tête de finge ; ce Prêtre eft pofé fur une bafe, où l'on a ménagé des Hyérogliphes en relief.

Autant la compofition de ces monumens nous montre certainement l'existence de ces idées que j'ai dit avoir été communes à la Vandalie & à l'Egypte, autant, par la manière dont elles sont rendues, le pays, qui leur servit, pour ainsi dire, d'entrepôt, paroîtra certain, si l'on considère que les Arcadiens, habitans de la Samothrace, ayant adopté ces mêmes idées, sont les seuls qui ayent pu servir à cette communication, d'autant plus que les formes de leurs Dieux, portées dans le Nord, se ressentent évidemment de ce goût Egyptien, étranger à leur Patrie, ainsi que je vais le faire voir par les considérations suivantes.

Lorsque Dardanus passa dans l'Isle de Samos, outre les grandes Divinités, dont il institua les Mystères, il portoit avec lui les *Palladium*, & suivant Denys d'Halicarnasse, *les autres images des Dieux qu'il introduisit en Phrygie.* Pan & Mercure, regardés comme indigènes à l'Arcadie, puisque l'un y étoit né, & que l'autre y fut élevé sur le Mont Cyllène, furent du nombre de ces derniers. Leur culte, quoique séparé de celui des Dieux qu'on appelloit de Samothrace, ne laissa pas d'y être en très-grande vénération, & tout-à-la-fois un mélange très-sensible des idées de la Sculpture des Arcadiens & de celle des Egyptiens, qui méritent d'être observées ici.

La figure du Dieu Pan, dessinée à la Planche 50, paroît sortir d'un mur sur lequel elle domine, quoique ce mur, construit de pierres relevées en bossages, paroisse appartenir à quelqu'édifice très considérable : le mot *Aremo*, placé sur un Autel, que l'attitude même du Dieu montre lui être consacré, vient du Grec *Aimos*, dont la signification *Nemus*, *Viridarium*, *Bois*, *Verger*, paroît nous indiquer que le Dieu, représenté dans ce monument, est celui qu'on adoroit dans un Temple bâti en Arcadie sur le sommet des Monts *Nomiens*, dont vraisemblablement les bois, ainsi que les pâturages, étoient con- PL. 50.

ſacrés à Pan, que, pour cette raiſon, on appelloit *Nomius*.

Ces Monts étant fort élevés, dominoient ſur Lycoſure, Ville fondée par Lycaon, fils de Pélaſgue; c'eſt pour *ſignifier* cette ſituation du Temple de Pan, qu'il eſt repréſenté comme dominant ſur le mur où on le voit placé; s'il paroît ſortir de ce mur, c'eſt encore pour *ſignifier* qu'il eſt originaire du pays où Lycoſure étoit conſtruite; car les Arcadiens ſe vantoient également d'être les Compatriotes de ce Dieu, & les Fondateurs d'une Ville que, ſuivant l'expreſſion de Pauſanias, *ils regardoient comme la plus ancienne du monde, & le modèle de toutes les autres*. La forme de ſes murailles, exprimée ici avec un ſoin particulier, & probablement copiée d'après le vrai, nous donne une idée préciſe de la ſorte d'Architecture, que les Pélaſgues durent porter en Italie, où elle prit dans la ſuite le nom d'Architecture Toſcane.

On ſent, dans la très-ſingulière compoſition de cette Statue, que les bras en ont eté diſpoſés, non ſans beaucoup d'intelligence, pour former avec ſa tête & les côtés du mur qu'on a taillés exprès en talus, une figure pyramidale, dans laquelle on reconnoît le paſſage des idées & le mélange du goût des Egyptiens avec celui des Arcadiens, qui cependant a la plus grande part dans cette compoſition. C'eſt ainſi que les formules religieuſes, dictées par Lycaon, tinrent ſûrement la première place dans les Myſtères que ces Peuples inſtituèrent, & dans leſquels, malgré l'obſcurité que le ſecret & le temps ont répandue ſur eux, on ne laiſſe pas de reconnoître l'eſprit de celles qu'ils avoient empruntées de l'Egypte; mais ſans entrer dans un détail qui meneroit trop loin, les figures, dont j'ai parlé ci-deſſus, montrent ſuffiſamment l'influence que la Sculpture Egyptienne eut ſur celle des Samothraces.

Je trouve Pan & Mercure repréſentés dans un de ces monumens dont les Arcadiens fournirent les modèles aux Vandales, à qui nous en devons les copies ; les Statues de ces Dieux surpassent, de la moitié du corps, le Temple dans lequel elles sont placées, on en a marqué les frontons par la forme triangulaire de ses extrêmités : quatre figures grossièrement dessinées, mais d'égale proportion, paroissent d'une grandeur dix fois moins considérable que ne l'est celle des Dieux à qui elles offrent un sacrifice sur l'Autel placé devant eux. L'étrange disproportion qu'on a eu grand soin de rendre très-marquée entre ces figures, celles des Divinités, & même entre ces dernières & leur Temple, étoit, dans l'idée de la Sculpture des temps où cette composition fut imaginée, pour *signifier*, d'une part, la grandeur des Etres Divins qui ne peut se comparer à celle des hommes, de l'autre, que les Temples, quelques vastes qu'ils puissent être, sont toujours incapables de contenir la majesté des Dieux.

Ces idées assurément très-nobles, quoique singulièrement rendues, ont, à mon gré, quelque chose de sublime. Elles nous montrent, dès l'enfance de l'Art, le germe de celle à laquelle les plus fameux Sculpteurs, Phydias lui même, s'efforcèrent d'atteindre dans ses beaux siècles ; car, lorsqu'il fit son Jupiter Olympien, loin de mesurer sa Statue, & d'en avilir, pour ainsi dire, la dignité, en la soumettant aux dimensions du Temple, où elle étoit faite pour artirer tous les yeux, il affecta de montrer que ce Temple, quelque magnifique qu'il fût, ne devoit être regardé que comme une demeure accidentelle, & peu digne de son Jupiter ; puisque non-seulement il n'eût jamais pu entrer par ses portes, mais même il n'eût pu se tenir debout dans cet Edifice ; car, étant assis, sa tête en atteignoit presque le comble ; ce qui donnoit à comprendre que l'Olympe seul étoit capable de lui servir de Temple. La magnificence de cette Statue d'or & d'ivoire, la splendenr de ses ornemens, la beauté de son travail, ne frappoient peut-être pas plus que la grandeur de cette pensée & la fierté des proportions qu'elle exigeoit, mais que toutes ces choses contribuoient merveilleusement à faire valoir.

Nous ignorons si cette magnifique idée reçut quelqu'altération, en passant dans la Thrace; mais les monumens nous font voir qu'arrivée chez les Gètes, elle y prit une forme bizarre, dans laquelle on reconnoît l'ignorance & la barbarie de ces Peuples qui faisoient partie des Scytes. Hérodote dit que les Temples de ces derniers étoient de fagots de sarmens amoncelés les uns sur les autres; il paroît que les Gètes firent les leurs avec des claies, pareilles à celles dont ils entouroient les parcs de leurs troupeaux, pour les défendre des bêtes sauvages. Lorsqu'ils voulurent représenter Apollon, après lui avoir entouré la tête
61. de rayons, ils le firent sortir, de même que ses bras, d'une espèce de pannier qui semble lui former une cuirasse, & qui exprime assez bien le travail des parois de ces Temples, ressemblans en tout à l'ouvrage que les Vanniers font en osier. Tel on le voit sur deux figures Vandales; la première, rapportée ici, Planche 61, est placée diagonalement sur une base quarrée, dont les côtés, par cette disposition extraordinaire, *signifient* les temps différens de la révolution du soleil, qui forment les quatre saisons de l'année. On a voulu sans doute augmenter encore l'énergie de ce signe, en donnant a la cuirasse même du Dieu une forme parallélogrammatique, dont les quatre côtés sont un nouvel indice des quatre saisons. Des tels *signes* étant fondés sur des rapports analogues à ceux qui engagèrent à former les deux Dianes triangulares, dont j'ai fait mention ci-dessus, furent comme elles inventées par les Grecs. Leurs lettres A. E. R. E., tenues de reliefs sur chacun des côtés de cette base, sont une

corruption & un abrégé du mot *Aeropetès* , *in aere volans* , qui exprime fort bien le mouvement diurne de l'Aſtre brillant que repréſente cette petite figure , à qui on a affecté de tenir la tête *au vent*, pour mieux l'accorder avec le titre qu'on lui donne, de *volant dans l'air.*

Un de ces monumens repréſente une tête d'Apollon couronnée de laurier. C'eſt la copie d'un buſte coloſſal renfermé dans quelques Temples Samogètes , indiqué par les claies dont le col de cette figure eſt enveloppé , & que l'on peut voir Planche 51. Il paroît que le Sculpteur s'eſt attaché à faire ſentir la forme plus que ſemi-circulaire de cet Edifice , & à marquer le foſſé qui l'environnoit, pour empêcher les eaux de ſéjourner auprès des parois, dont elles euſſent occaſionné la deſtruction : cette forme même eſt un autre *ſigne* deſtiné à marquer la marche apparente du Soleil, qui ſemble embraſſer un arc un peu plus grand qu'un demi-cercle , depuis le point où il ſe lève , juſqu'à celui où il ſe couche ; peut-être auſſi qu'il eſt fait pour indiquer le cours de cette Planette dans les plus longs jours de l'année , où elle paroît s'arrêter plus long-temps ſur notre horiſon ; ce qui eſt exprimé, tant par la grandeur du ſegment du cercle dont eſt formé le devant de ce Temple , que par la petiteſſe de celui qui lui eſt oppoſé. La partie poſtérieure de ce monument , deſſinée à la Plan. 52 , repréſente très diſtinctement le chevet du même Temple , deux rangs d'Oves en marquent l'entablement ; mais ce qui me ſemble fort remarquable , c'eſt que l'on voit ici deux figures entières , & cependant beaucoup moins grandes que la tête du Dieu ; elles ſont placées dans des eſpèces de niches priſes dans l'intervalle des eſpaces que les claies, dont cette ſorte de mur étoit fermé , laiſſoient entr'elles. La diſpoſition ſingulière de ces Statues, de même que celle des Oves , prouvent une réminiſcence de

Pl. 51.

Pl. 52.

l'Architecture Grecque, & nous montrent que ces Edifices grossiers, loin d'être privés d'ornemens, en étoient peut-être trop chargés : ils furent vraisemblablement l'origine de l'Architecture Gothique ; & les figures qu'ils renfermoient, donnèrent certainement lieu au goût de Sculpture, qu'on appella de ce nom.

Ces monumens, dans lesquels le *signe* domine par-tout sur la *figure*, expliquent un passage de Tacite, où cet Historien, dont le raisonnement est si exact, paroît cependant peu d'accord avec lui-même. En assurant que les anciens Germains tiroient de leurs bois sacrés les *Images* & les *Statues* des Dieux, qu'ils portoient dans les combats, il semble dire que la Sculpture étoit connue & employée par eux ; mais il ajoute : *Ces mêmes Germains croyoient que la majesté des Immortels ne devoit pas être contrainte à résider dans l'enceinte des murailles d'un Temple, ni à être figurée par des représentations qui la fissent ressembler aux hommes* : par-là il paroît vouloir faire comprendre que ces Peuples rejettoient les *Images* & les *Statues*, dont il leur vient d'accorder l'usage. Comme les contraires ne peuvent exister ensemble, ceci ne peut se concilier, à moins que Tacite n'entende, qu'à l'imitation des Idoles Cimbres & Vandales, celles des Germains, en prenant les *signes* dans le corps des *figures*, les *altéroient* assez, pour que la nature de leurs Dieux parut, au moyen de cet étrange arrangement, un composé différent de celui des hommes. C'est en effet l'idée que fait naître l'examen réfléchi de tous leurs monumens. On peut donc conclure du discours de Tacite, que des motifs de superstition, faisant manifestement regarder, comme sacrilége, les représentations des Dieux sous la forme purement humaine, ne permit jamais aux Germains de suivre dans leur Sculpture que des formes prescrites par la loi ; ce qui dut les empêcher de perfectionner l'Art,

&

& fut la raiſon qui les obligea de conſerver , avec tant de ſcrupule, ſes premiers modèles.

L'Idole du Bacchus Taureau , apportée par les Cimbres en Italie, y exiſtoit encore au temps de Tacite ; puiſque Pline le Naturaliſte, ſon Contemporain, parle de la maiſon où Plutarque dit qu'elle fut tranſportée , comme exiſtante encore de ſon temps , ſur le Mont Palatin. Ainſi Plutarque lui-même put voir cette Statue , car il vécut à la Cour d'Adrien , de Trajan & de Nerva , avec qui Tacite fut Conſul ſubrogé , vers l'an 197 de notre Ere , environ deux ſiècles après la défaite des Cimbres. Mais, quels étoient ces Cimbres, dont les Vandales occupoient certainement le pays cent ans après Plutarque ? Dans quels temps vinrent-ils s'établir dans la Péninſule, que de leur nom on appella la Cherſonèſe Cimbrique ? Comment y portèrent-ils, avec les Dieux de la Taurique, l'Art de les repréſenter, qu'elle tenoit des Grecs? Quand enfin ces Arts y paſsèrent-ils avec eux, ou y furent-ils apportés par les Peuples qui les tirèrent de la Grèce? D'où vient enfin ce ſtyle gothique communiqué par les Alains, les Suèves, les Vandales, & ſur-tout par les Goths, à la Grèce même, à l'Italie, aux Gaules, aux Eſpagnes, à la Bétique, à la Luſitanie, à la Germanie, dans leſquelles il ſe maintint pendant près de neuf ſiècles? Les monumens, dont nous parlons ici , ſont les ſeuls qui puiſſent réſoudre ces queſtions auſſi intéreſſantes pour l'Hiſtoire des anciens Peuples, que pour celle des Arts mêmes.

On avoit, au temps de Plutarque, deux opinions différentes ſur l'origine des Cimbres ; quelques-uns les croyoient deſcendans des Celtes , qui , des extrêmités de notre continent, s'étendent juſqu'aux rivages du Palus Méotide & de l'Euxin, ſe mêlèrent avec les Scythes, ce qui leur fit donner par les Grecs le nom de Celtoſcythes. D'autres les faiſoient originaires du pays des Cimmériens, que leurs diviſions inteſtines & la puiſſance de leurs voiſins les contraignit d'abandonner. Ces deux ſentimens, dont le premier ſemble fort probable à Plutarque, ſont plutôt différens qu'oppoſés l'un à l'autre. Car les Cimmériens pourroient être des Celtes forcés par les Scythes, comme le dit cet Auteur, à quitter les terres qu'ils cultivoient : quoique fort éloignés, les pays, où ils allèrent chercher une retraite, devoient ne leur être pas tout-à-fait inconnus ; car s'ils l'euſſent été, pourquoi s'y ſeroient-ils tranſportés ? Leur choix devant avoir ſes raiſons, ſuffiroit peut-être à montrer qu'autrefois venus de la Celtique, ils ne firent que retourner chez des Peuples à qui ils tenoient par une origine commune.

Les Cimbres ayant eu préciſément les mêmes Dieux que les Habitans de la Tauride, cette circonſtance, jointe à ce que l'on vient de lire, nous autoriſe à croire qu'anciennement ils en étoient voiſins ; & comme cette preſqu'Isle n'étoit en effet ſéparée que par un détroit de douze mille cinq cens pas, des terres des Cimmériens, les monumens Cimbres & Vandales montrant d'ailleurs que ces Peuples reçurent d'elles non-ſeulement l'Art, mais encore la manière de repréſenter les Dieux, il eſt probable, comme le dit Plutarque, que les Cimbres venoient des Cimmériens ; cela poſé, la forme même qu'ils donnoient à ces Dieux, peut ſervir à déterminer le temps de leur paſſage vers la mer Baltique ; car nous avons vu que la repréſentation du Bacchus ſous la figure d'un taureau, portée par les Cimbres dans leurs armées, n'eſt pas antérieure à Cadmus, & que celle qui lui donne une forme compoſée de la figure de cet animal & de l'homme, telle qu'on la trouve dans les monumens Vandales, ne peut être poſtérieure à Dédale. La forme & le ſtyle de ces monumens prouvent donc, comme des inſcriptions pourroient le faire, que l'émigration de ces Peuples doit néceſſairement être arrivée entre le temps de Cadmus & celui de Dédale, c'eſt-à-dire, près d'un ſiècle avant le ſiége de Troye c'eſt environ onze cens ans après cette émigration, que les Ciمériens ayant changé leur nom en celui de Cimbres, vinrent chercher de nouvelles terres en Italie. L'ordre conſtamment tenu par les anciennes Colonies d'aller toujours du Midi au Septentrion, ou de l'Orient vers l'Occident, & les loix que ſuit la population, s'accordent parfaitement avec cette marche des Cimmériens, ainſi qu'avec le temps, où il paroît qu'ils occupèrent les pays maintenant appellés le Sleſwick, le Sutland, le Holſtein & le Mecklenbourg, que les Vandales habitèrent après eux, & celui où leur population avoit pu s'accroître, au point de fournir les armées immenſes avec leſquelles ils paſsèrent dans l'Ibérie, l'Italie & les Provinces Romaines, qu'on nomme aujourd'hui la Provence, où ils furent totalement défaits, aux environs d'Aix, par l'armée de Marius, avec les Ambrous & les Teutons, qu'au rapport de Plutarque, ils appelloient leurs frères.

Les Gètes, originaires de la Scythie, ſe divisèrent en différentes peuplades qui, ſuivant les circonſtances dans leſquelles ils ſe trouvèrent, & les lieux qu'elles habitèrent, prirent les noms de Samogètes, de Téragètes, de Tuſſagètes, de Maſſagètes, &c. Ces derniers, au rapport d'Hérodote, n'adoroient que le Soleil, & négligeoient tous les autres Dieux : les monumens Vandales, copiés d'après ceux des Gètes, nous prouvent en effet le culte que ces Peuples, pris en général, rendoient au Soleil. Ce ſont eux que les Romains connurent d'abord ſous le nom de Daces, & dans la ſuite ſous celui de Goths, comme l'aſſurent Spartien & Dion. Dès les ſiècles les plus reculés, ils tirèrent, comme on l'a pu voir, leurs Arts & leur Théologie, des Grecs. Ayant traverſé la forêt Hercynie, ils pénétrèrent dans le même Pays que les Cimmériens occupèrent après eux, & paſsèrent delà dans ces Contrées, où la corruption du nom de Gète produiſit celui de Goth. Long-temps depuis cet établiſſement, à l'exemple, mais avec plus de ſuccès que les Cimbres, leurs voiſins, qui, du midi, après avoir cherché des terres dans le nord de l'Europe, vinrent enſuite tenter d'en acquérir dans ſes parties Méridionales; les Goths, retournant dans leur ancienne Patrie, vinrent, ſous le règne d'Honorius, s'emparer des Provinces Romaines, dont ils avoient d'abord été repouſſés par les victoires de Trajan & de Théodoſe.

Les Statues des Dieux, réduites en petit, exécutées en bois, en pierres, & même en lames de métal, qui ſe démontoient, comme celles dont nous avons fait mention, purent commodément ſe tranſporter par-tout où allèrent les Gètes, les Cimbres, les Sarmates, les Alains, & furent d'autant plus aiſées à copier, que, dans ces premiers temps, on employoit moins d'Art à les faire; mais il n'en fut pas ainſi des modèles de l'Architecture, qu'on ne pouvoit porter avec ſoi; & comme elle ne s'étoit pas encore formée des règles à elle-même, quand la Sculpture paſſa dans le Nord, elle ne ſe conduiſoit que par des principes tirés de ſon inſtitution, plutôt que de la nature des choſes. Ainſi les Peuples, qui tranſportèrent loin de la Grèce les modèles de la Sculpture, telle qu'elle étoit dans ces temps-là, ne purent y porter avec eux que les principes incertains d'une Architecture, dont les progrès juſqu'alors avoient été fort médiocres.

Les beaux peupliers que l'on trouvoit en Elide, les cyprès & les chênes abondans en Arcadie, les platanes communs dans preſque toute la Grèce, lui fournirent des colonnes à-la-fois ſolides & preſque toujours d'une bonne proportion. Lorſque les Artiſtes du Nord voulurent imiter ce qu'ils avoient vu chez es Grecs, les ſapins que produiſoit leur pays, étant des arbres ort élevés, mais tendres, réſineux & de peu de conſiſtance, ls furent obligés d'en unir pluſieurs enſemble, pour aſſurer la ſolidité des bâtimens où ils les employèrent, ce qui, au lieu de colonnes, leur donna des piliers, aux baſes & aux chapiteaux desquels ils conservèrent les moulures employées par ceux dont ils avoient pris les principes & les premières idées de la Décoration. La nécessité de se garantir contre le poids des neiges, fit exaucer les combles des édifices, & construire les voûtes en tiers point, qui les rendirent plus aigus. Les nervures de ces voûtes représentèrent les branches des sapins, dont la forme pyramidale se multiplia dans tous les ornemens destinés à terminer quelque corps en saillie; enfin l'usage d'adorer les Dieux dans les forêts, pratiqué par les Celtes, engagea à conserver dans les Temples cette mystérieuse obscurité, qui leur donnoit un caractère religieux, si difficile à conserver par tout autre moyen.

Les attributs des Dieux, les animaux qui en étoient les symboles, servirent d'ornemens à l'Architecture des Grecs, parce qu'ils leur parurent propres à caractériser les Edifices sacrés, en indiquant à quelles Divinités ils étoient dédiés. Les Peuples du Nord, altérant ce principe, crurent devoir employer indifféremment les attributs ou les figures mêmes des Dieux, pour servir d'ornemens aux Temples qu'ils leur élevoient. Delà vient que l'on trouve si souvent des animaux de toute espèce, presque toujours employés à la manière empruntée des Egyptiens, par les anciens Grecs, dans les Edifices construits par ces Peuples: tantôt ce sont des bœufs, des tigres, des lions accroupis, souvent des cercopitheques que leurs petites Idoles, comme je l'ai remarqué, montrent qu'ils adoroient; on y voit aussi plusieurs de leurs Divinités, & sur-tout quantité de ces Statues, où le signe, pris dans la figure, a produit ces bizarres alliances des formes de l'homme & de celles des quadrupèdes, des oiseaux, des poissons & des reptiles.

Lorsque les Vandales, les Alains, les Goths, embrassèrent le Christianisme, leurs Architectes, accoutumés à se servir de ces anciennes figures, y mêlèrent celles des Saints de l'Ancien & du Nouveau Testament, celles de leurs Rois & de leurs Hommes illuſtres ; auſſi voit-on dans leurs Egliſes , des Anges & des Prophètes ſervir de pendans à des ſinges , à des taureaux ou autres figures encore plus extravagantes , dont il y a mille exemples dans nos plus anciens Edifices Gothiques , & même dans ceux que l'on fit depuis à leur imitation ; car, dans les uns comme dans les autres , on retrouve preſque toutes les anciennes Divinités que la Grèce donna aux Peuples du Nord : ces figures ayant paru juſqu'à préſent de ſimples caprices de Sculpteurs , on les a crues également inutiles & impoſſibles à expliquer ; mais ce ſont les Dieux des Anciens , repréſentés à la manière des temps les plus reculés , & les copies ſouvent très-intéreſſantes des premières formes que l'Art put leur donner , formes dont il eſt poſſible , facile même de rendre compte par la méthode , que la marche de la Sculpture & de la ſuperſtition nous indique de ſuivre.

Les fréquens paſſages des mêmes Peuples du midi au nord de l'Europe , leur ſéjour en différens pays , leur retour dans ceux dont ils étoient originaires , les changemens que ces tranſmigrations occaſionnèrent dans leurs mœurs , les variations qui en réſultèrent par rapport à leurs coutumes , l'altération que leurs langues en ſouffrirent , les mutations qu'ils produiſirent dans les noms des Dieux qu'ils adoroient , répandent ſur leur origine une obſcurité , qui s'étend ſur tout ce qu'ont écrit les Auteurs anciens. Elle eſt telle , que ſouvent on devine , avec peine , quelles ſont les Nations dont ils veulent parler. Si quelque choſe peut éclairer ces ténèbres & diſſiper cette confuſion ; c'eſt le ſtyle des Arts & les monumens , qui , nous ramenant à la ſource dont ils ſortirent , nous découvrent les veſtiges des pas que ces Peuples ont faits , & les époques dans leſquelles ils ſe tranſportèrent ſous différens climats.

Pendant le long intervalle de temps qui s'écoula entre le paſſage des Gètes & des Cimmériens , dans la Gothie & la Cimbrie,

& celui où ils retournèrent vers les frontières de la Grèce & de l'Italie, la Sculpture, arrêtée dans ses progrès par des motifs de Religion, resta au point où elle étoit, lorsqu'ils la reçurent des Grecs, chez qui elle s'étoit perfectionnée en changeant ses règles & ses maximes. Quoique déjà depuis long-temps elle avançat vers son déclin, elle tenoit cependant encore beaucoup de ce qu'elle avoit été dans les temps de Périclès & d'Alexandre, lorsque les Goths, sous le nom de Daces, insultèrent les frontières de l'Empire. Mais, semblable à un homme robuste qui ne se reconnoîtroit plus dans les traits du portrait fidèle des premières années de son enfance, la Sculpture des Grecs, vers les règnes de Domitien & de Trajan, ne se reconnut plus dans les monumens copiés d'après ceux qu'elle avoit faits dans les temps qui précédèrent celui de Dédale ; & lorsque les Vandales, les Suèves, les Alains, & les Goths, rapportèrent cette ancienne manière, ainsi que celle de traiter l'Architecture, ces Grecs eux-mêmes lui donnèrent le nom de Gothique, de celui des Peuples qui l'avoient conservée, & qui servirent le plus à la répandre vers le commencement du cinquième siècle.

Après avoir recherché quelle fut la marche de la Sculpture dès les temps de sa première époque, par quels chemins, par quels motifs, elle se transporta & se maintint dans les parties septentrionales de l'Europe : après avoir indiqué, en passant, le temps où elle reparut sous sa plus ancienne forme, remarqué ce qui nous reste des ouvrages qu'elle fit alors, & ce qui peut nous en rappeller la mémoire ; à l'exemple de ceux qui, pour lever la carte d'un grand fleuve, descendent de sa source, l'accompagnent dans son courant, en suivant tous les détours pour arriver à son embouchure ; ainsi, après avoir parlé des commencemens de l'Art, je l'ai suivi dans les pays qu'il paroît avoir parcourus, & j'ai montré ce qu'il devint. Mais,

La Planche 64, dont l'original est en pierre noire, repré-

ſente la Déeſſe Iſis, vraiſemblablement ſous la forme que les Pélaſgues & les Arcadiens lui donnèrent ; car elle porte l'habillement de ces Peuples & cette forme eſt en *terme*, ſuivant leur uſage : ces obſervations me font croire que cette
Pl. 64. Statue pourroit bien reſſembler à celle de l'Iſis *Pélaſgienne*. Révérée à Corinthe, dans une Chapelle voiſine de celle de l'Iſis *Egyptienne*, les yeux fermés, & ſans aucun détail de cette figure, ſa totale privation de mouvement montre également que l'original en a été fait dans un temps antérieur à celui de Dédale ; au lieu d'avoir les cornes très-élevées à la manière des Egyptiens, elle les a rabattues le long des joues, & tient en main le diſque, ſymbole de la Lune, que les Egyptiens lui plaçoient toujours ſur la tête.

Ce diſque, combiné avec les cornes de cette figure, ſert à nous faire reconnoître une autre Iſis, dans laquelle on ne trouve que le dernier de ces attributs. On voit, dans celle-ci, un mêlange très-remarquable du ſtyle des Egyptiens & de celui des Grecs ; car ſa *poſition*, qu'on peut voir Planche 66, appartient entiérement aux premiers ; mais le *nud abſolu*, & plus encore la manière dont il eſt traité, appartiennent manifeſtement aux ſeconds.

Pl. 66. Cette figure eſt adoſſée contre une autre, qu'à ſa maſſue on prendroit d'abord pour un Hercule, ſi l'union des deux têtes, par le moyen des cheveux de la dernière, & la manière dont la main de celle-ci eſt placée, n'indiquoient manifeſtement l'harmonie & la tendre amitié qui lioient Iſis & Oſiris. Une telle compoſition reſſemble en tout à celle de Janus ; & de même que par la face d'un *vieillard*, il marque l'année qui finit ſon cours, & par celle d'un *jeune homme*, la nouvelle année qui commence le ſien ; ainſi, cette double figure eſt compoſée pour être le ſigne du jour & de la nuit, qui paroiſſent oppoſé l'un à l'autre, mais ſont intimement unis, puiſqu'enſemble ils complettent le jour naturel. Oſiris & Iſis étoient, comme on le ſait, mari & femme; ils repréſentoient le Soleil & la Lune, dont la lumière, éclairant ſucceſſivement la terre, ne ſe fait remarquer dans l'une, que lorſque l'autre a diſparu, & qu'il lui a, pour ainſi dire, tourné le dos, comme Oſiris le fait ici à Iſis; ce ſont-là les idées qu'exprime la compoſition de ces figures. Le mouvement, les détails, l'attitude de celle d'Oſiris, ſont auſſi oppoſés au ſtyle Egyptien, qu'elles le ſont l'une à l'autre.

Le mot Grec *Rhopalos* ſignifie également un *ſceptre* & une *maſſue*. Cet inſtrument, entre les mains d'Oſiris, eſt le ſigne de ſes conquêtes dans l'Ethiopie, l'Arabie, l'Inde, la Colchide, la Thrace & les Pays voiſins. Suivant Diodore de Sicile, il érigea dans tous ces Pays, des colonnes d'airain ſur leſquelles il fit graver le récit de ſes exploits: & comme les *Gètes* & les *Suèves* étoient voiſins de la Thrace, il eſt probable qu'avec le culte de ce Conquérant, celui d'Iſis, ſon épouſe, paſsèrent chez ces Peuples qui, dans la ſuite le portèrent dans la Germanie, comme le dit Tacite, & peut-être chez les Gaulois, dans le pays où Paris eſt aujourd'hui ſitué. Le renverſement de la maſſue paroît ſignifier ci qu'Oſiris établit ſa domination ſur tant de Peuples, plutôt par la douceur & les loix, que par la violence & la force, dont le *Rhopalos*, quand il n'eſt pas renverſé, ſous quelqu'acceptation qu'on le prenne, me paroît un ſymbole très-expreſſif.

Perſonne n'ignore qu'Iſis, après avoir raſſemblé les membres épars d'Oſiris tué par Thiphon, ne pouvant recouvrer la ſeule partie qui manque préciſément à cette figure, en fit ſculpter une, qu'elle conſacra ſous le nom de *Phallus*, dont elle inſtitua les Fêtes. L'Artiſte, Auteur de ce grouppe ſingulier , ayant repréſenté Oſiris vivant , tel qu'il ne fut effectivement qu'après ſa mort, l'*exagération* employée pour rendre ſa figure reconnoiſſable , fait clairement reconnoître le ſtyle en uſage vers le temps de Dédale , & le peu de détail qu'on remarque dans les yeux , montre encore qu'elle ne peut avoir été ſculptée que vers celui où il commença à en exprimer toutes les parties. Au reſte , le ſigne *exagérateur* , dont on s'eſt ſervi, loin d'être fondé ſur l'uſage , eſt au contraire entièrement arbitraire , & n'a dépendu que de l'Artiſte & du ſtyle de ſon ſiècle ; car il eſt tout l'oppoſé de celui des Egyptiens ; puiſqu'au lieu de priver Oſiris de la partie qui lui manque ici , ils le repréſentoient ſous la forme la plus énergique , que les Grecs donnèrent à leur Priape ; pour indiquer , dit Plutarque , la vertu d'*engendrer & de nourir* , attribuée au Soleil.

Iſis eſt aſſiſe pour repréſenter le repos apparent de la Lune pendant que le Soleil eſt ſur l'horizon ; Oſiris eſt droit, pour marquer la préſence & l'action de la Planette , dont il eſt le ſymbole ; il ſemble marcher pour ſignifier ſa courſe diurne : Iſis eſt placée obliquement ſur ſon ſiége , & Oſiris paroît s'avancer de côté , pour marquer le chemin oblique que parcourent ces deux Aſtres. On eſt étonné de voir que les moindres choſes ont , dans ces monumens , une ſignification très-claire & très-induſtrieuſement imaginée. Mais ce qui eſt bien digne de remarque , c'eſt que le ſtyle de ces figures , probablement exécutées par des Artiſtes très inférieurs à Dédale , montre cependant que , dès les commencemens de ce Sculpteur , l'Art étoit au moins auſſi avancé chez les Grecs , & certainement plus ingénieux qu'il ne l'étoit en Italie même , vers le douzième & le treizième ſiècle.

La *Siba* ou *Vénus* , repréſentée ſous les Planches 67 & 68 , fait voir, d'une manière ſenſible, comment, en ſe délivrant du *ſigne* qui la dominoit, la figure en conſerva encore pour quelque temps, ce qui aidoit à la faire recconnoître : c'eſt la même Déeſſe que l'on a vue à la Pl. 42. Pour la tirer du ſigne, en lui ôtant les cuiſſes, les pattes, le dos, les aîles & la coëffure d'oiſeau, qui la rendoient reconnoiſſable au peuple, la Sculpture leur ſubſtitua les parties telles qu'elles ſont dans la nature ; mais elle eut ſoin de la couvrir d'un manteau fait de la dépouille du même oiſeau. Les aîles s'étendoient le long des côtés ; le dos & la queue, en ſe bifourchant, couvrirent toute la partie poſtérieure de cette nouvelle figure, formèrent le derrière des jambes, & rappellèrent, ſous une forme bien différente, l'idée reſpectée, de celle qu'on employoit précédemment.

Au lieu de la grenade, avec le ſymbole de ſon ſexe, que cette Venus tenoit entre les mains, on en ſpécifia la conformation même, que l'on voit ici ſur ſa tête, comme on la voyoit ſur des pôteaux érigés dans quelques pays ſoumis par Sémiramis. Le diadême qu'elle porte, montre ſon empire ſur tous les êtres animés. Son collier de perle eſt, comme le dauphin placé à côté de la Vénus de Médicis, le ſigne de la naiſſance dans la mer ; ſon attitude eſt fondée ſur le même motif qui a fait rechercher celle de cette dernière, & quelqu'immenſe différence qu'il y ait entr'elles, pour arriver de l'une à l'autre, la Sculpture, en ôtant le manteau, le collier & le diadême de celle-ci, n'eut qu'à parvenir à la rendre reconoiſſable par ſa jeuneſſe & le caractère admirable de ſa beauté, employés à la place de tous ces attributs. Pl. 67. Pl. 68.

On voit dans la Planche 69, l'abus ſingulier du *ſigne* qui exagère ; elle repréſente Hercule chez Omphale, Reine de Lydie : l'amour qu'il conçut pour cette Princeſſe, lui fit abandonner la peau de lion, pour prendre des habits de Pl. 69.

femme. Mais comme on l'eût difficilement reconnu ſous ce traveſtiſſement, le Sculpteur, pour éviter l'inconvénient de n'être pas entendu, après avoir fait un corps très-robuſte à ſon Héros, lui a donné des manches pendantes, telles que les femmes Lydiennes les portoient, & qu'on les voit dans une figure gravée à la Pl. 38 du ſecond Volume de cet Ouvrage.

Pour *ſignifier* la vie *ſédentaire* qu'Hercule menoit en filant près d'Omphale, on l'a repréſenté *aſſis* ; & pour marquer la ſervitude & l'inclination où la ſervitude le retenoit, on lui a engagé les pieds dans le terrein même ſur lequel il eſt placé, comme on retenoit ceux des eſclaves, par des ceps formés de deux poutres qui les empêchoient d'agir : c'eſt enfin pour montrer combien la réputation du Héros ſouffroit de ſon oiſiveté, qu'on l'a repréſenté comme ſouffrant lui-même de l'état où il ſe trouve. Incapable d'exprimer, comme on le fit ſi bien dans la ſuite, le ridicule du vice qui rendoit Hercule efféminé, l'Artiſte a pris le parti de le rendre lui-même ridicule. Il ne lui étoit guères poſſible de ſignifier davantage, & d'abuſer plus des moyens de le faire. La Poéſie de l'Art eſt employée ici dans un genre très-bas, & toutefois rempli d'idées, dont le concours fait parfaitement comprendre l'objet de cette extravagante Statue.

Rien n'eſt plus célèbre chez les anciens, que l'intime amitié d'Oreſte & de Pilade : les Tauro-Scytes, étonnés de leur courage & de la magnanimité qu'ils montrèrent, en voulant donner leur vie l'un pour l'autre, les *adorèrent comme des Dieux protecteurs de l'Amitié* ; & quoiqu'après avoir tué leur Roi, ils euſſent enlevé de leur pays la Statue avec la Prêtreſſe Diane, ces Peuples ne laiſſèrent pas de leur conſacrer un Temple : toutes les circonſtances de cet enlevement y étoient non-ſeulement décrites ſur une colonne d'airain ; mais encore peintes ſur les murs , pour ſervir d'exemple & d'inſtruction à la jeuneſſe. On avoit ſur-tout pris garde , dit Roxalis , de faire éclater , dans ces Peintures , la fidelle amitié d'Oreſte & de Pilade ; car elle étoit le motif du culte qu'on leur rendoit.

Le monument rapporté Planches 70 & 71 , eſt une preuve de ce culte ; ſa compoſition nous fait voir que la Sculpture ne prit pas moins de ſoin que la Peinture , pour exprimer , autant qu'elle le pouvoit alors , tous les détails de cette action. La tête de taureau , placée ſur un Autel , pour les mêmes raiſons , & de la même manière qu'elle l'eſt dans la Planche 41 du ſecond Volume de cet Ouvrage , marque indubitablement que la ſcène eſt en Tauride , & nous fait reconnoître Oreſte & Pilade , dans les figures de ce monument. Par la diſpoſition de leurs mains , ils paroiſſent dans l'acte d'enlever l'Autel , *indice* de l'objet de leur entrepriſe : les deux autres mains de ces Héros , étroitement unis enſemble dans la partie poſtérieure de ce grouppe , *ſignifient* qu'ils ſont diſpoſés à ſe défendre mutuellement , ou à périr l'un pour l'autre ſur ce même Autel : par cet arrangement très-difficile à imaginer , en profitant des deux faces oppoſées de ces figures , pour ſignifier deux choſes diverſees , on a trouvé le moyen de repréſenter deux temps différens de l'action , ſans toutefois en déranger l'unité. Ce dernier moment fait le ſujet de la fameuſe Scène de l'Iphigénie d'Euripide. La tête , conſervée à l'une de ces figures , eſt ſans cheveux , ce qui la fait reconnoître pour celle d'Oreſte , car il conſacra ſa chevelure à Tauris , d'autres diſent à Athènes , pour expier le meurtre de Clytemneſtre.

Pl. 70.

Pl. 71.

Dans l'impoſſibilité où l'on étoit de repréſenter l'inſtant où ces Héros combattirent contre les Scytes , & celui où ils tuèrent Thoas , on a voulu faire au moins comprendre les difficultés que ces Barbares apportèrent à leur retour, & le risque qu'ils coururent en cette occasion : voici comme on s'y est pris.

De même qu'Hercule, dans la figure décrite précédemment, paroît arrêté par les pieds dans l'endroit où il est placé, c'est-à-dire, à la Cour d'Omphale ; Oreste & Pilade paroissent ici *enterrés* & comme *retenus* par le terrein même de la Tauro-Scythie. Ce qui, dans l'idée de la Sculpture de ces temps-là, marquoit, d'une part, l'opposition que tous les Habitans de ce terrein mirent à leur départ, & d'un autre côté, le péril extrême où ils furent d'y rester ensevelis tout entiers, comme ils le sont déjà presqu'à moitié. Cette position, combinée avec celle de l'Autel qui paroît transporté, & celle qui marque l'union des deux Héros, signifie que, par le moyen des secours mutuels qu'ils se prêtèrent, & malgré tous les obstacles que le pays opposoit, ils parvinrent à enlever la Déesse, dont cet Autel même est l'*indication*. On voit clairement que l'Artiste s'est proposé, & a rempli très-ingénieusement l'objet de celui qui avoit fait les peintures du Temple d'Oreste, dans lequel l'original de ce petit grouppe étoit peut-être déposé.

Une chose digne d'attention, c'est que ces figures, tournées l'une vers l'autre, comme pour soutenir, en commun, un poids fort considérable, ont un mouvement très-juste, ce qui en rend l'action beaucoup meilleure que celle de toutes les figures dont j'ai parlé jusqu'ici. Mais, comme le fait qu'elles représentent n'arriva que près d'un siècle après Dédale, ce monument nous assure que la manière de représenter par le signe qui exagère, se maintint encore plus d'un siècle après celui où ce fameux Artiste fit ses importantes découvertes.

Fin du cinquième & dernier Volume.

TABLE

DES DISCOURS

Contenus dans les cinq Volumes de cet Ouvrage.

TOME PREMIER.

TOME SECOND.

TOME TROISIEME.

TOME QUATRIEME.

TOME CINQUIEME ET DERNIER.

Fin de la Table des Discours.

Pl.1.

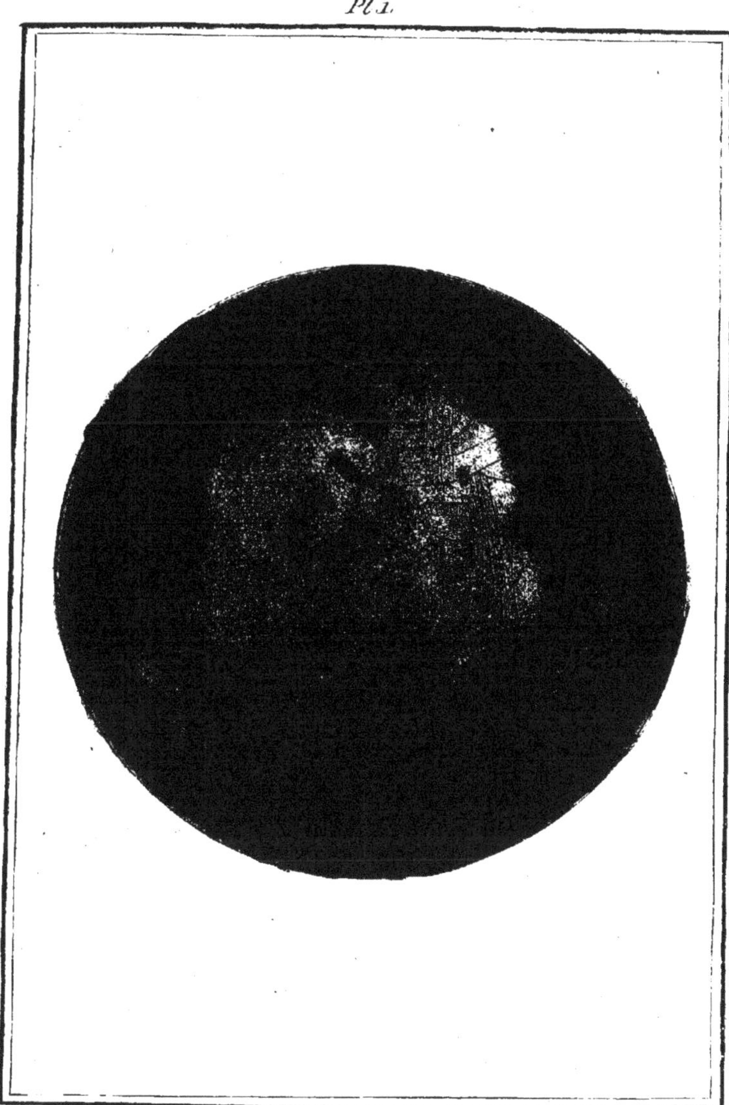

Tom. V.

2.

Tom. V.

3.

Tom. V.

4.

Tom.V.

5.

Tom.V.

7.

Tom. V.

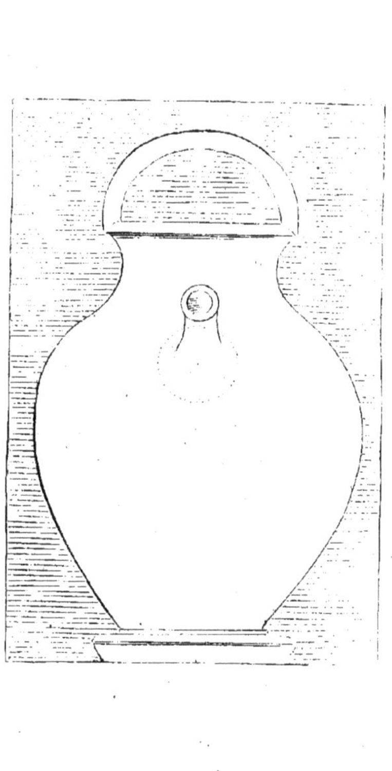

9.

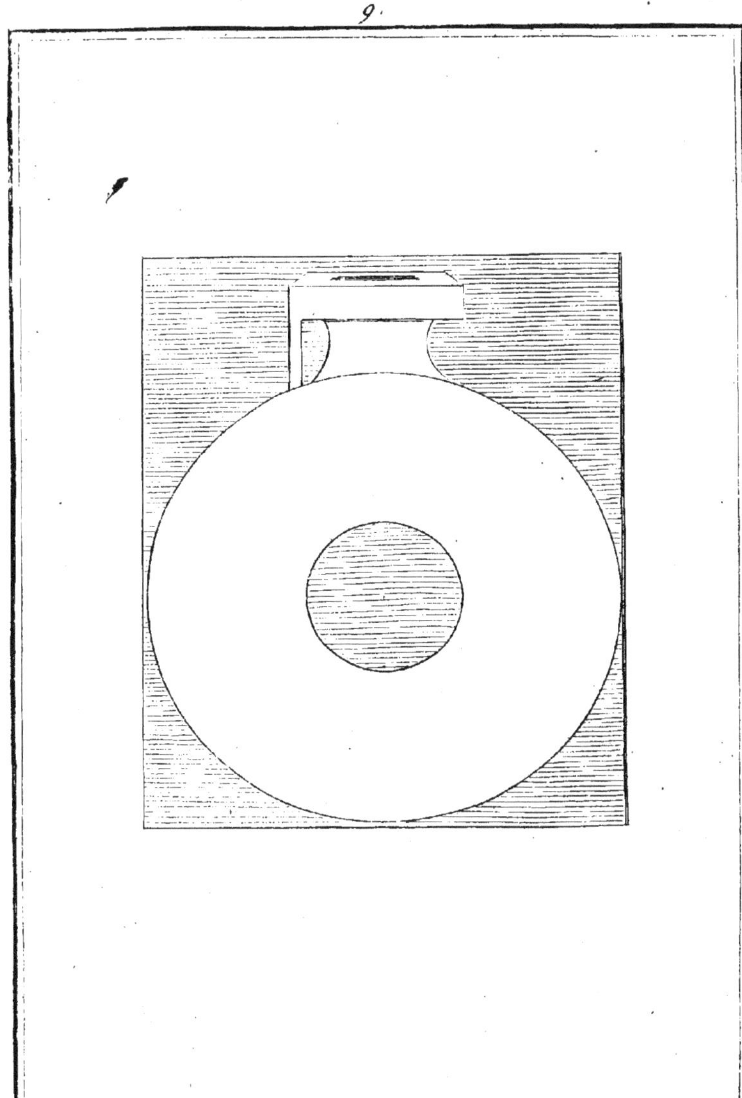

Tom.V.

Tom.V.

11.

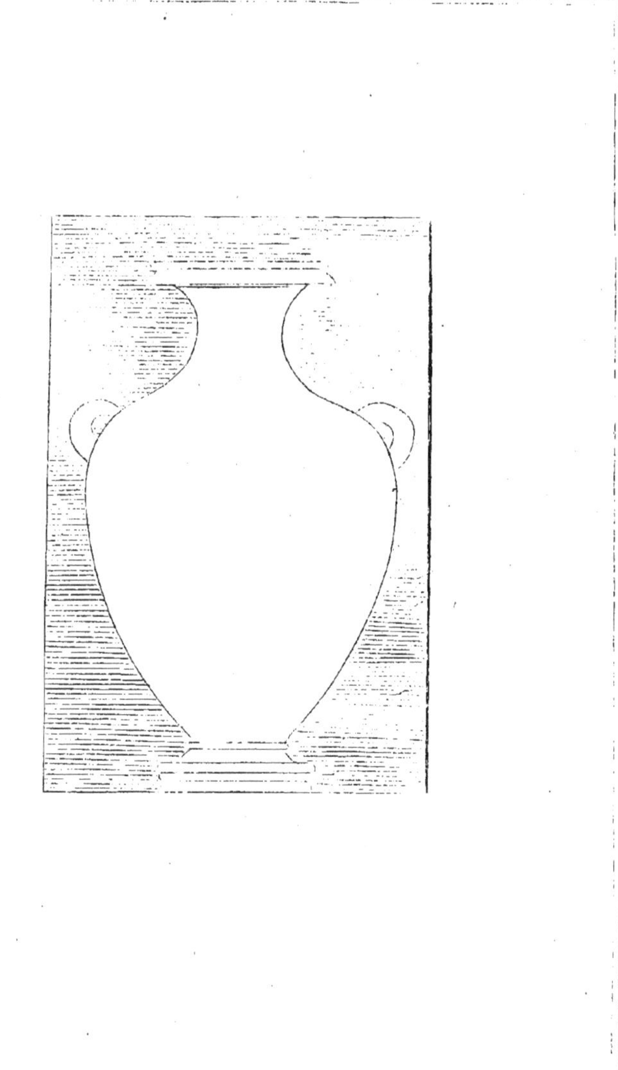

Tom. V.

12.

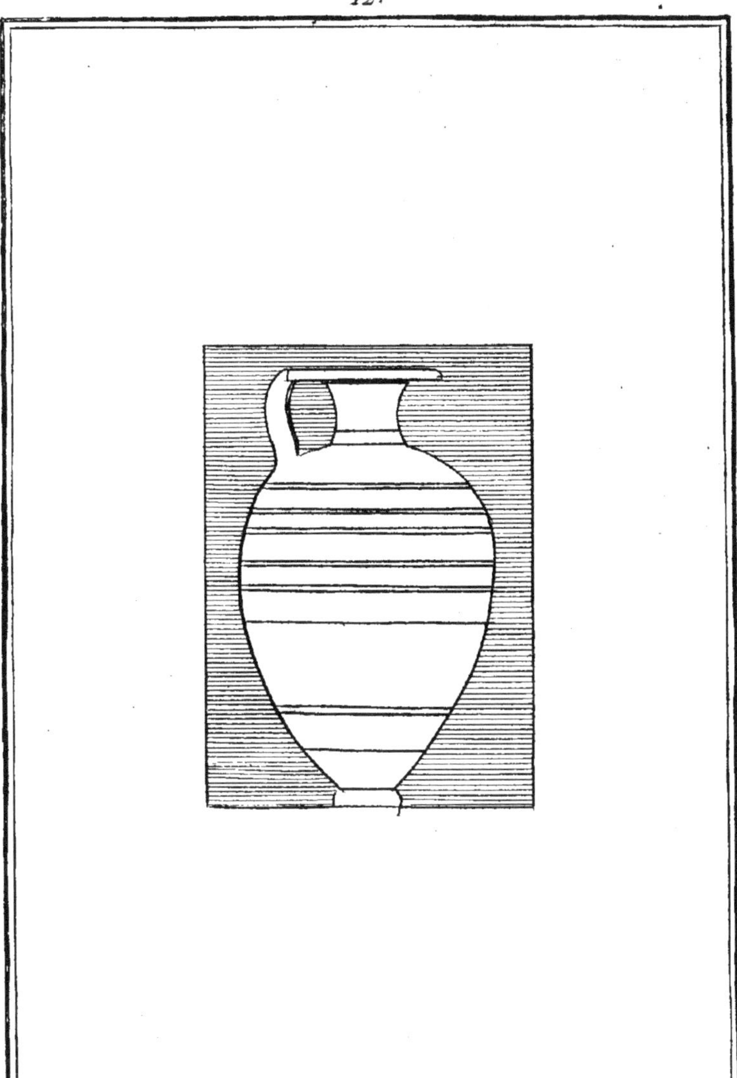

Tom.V.

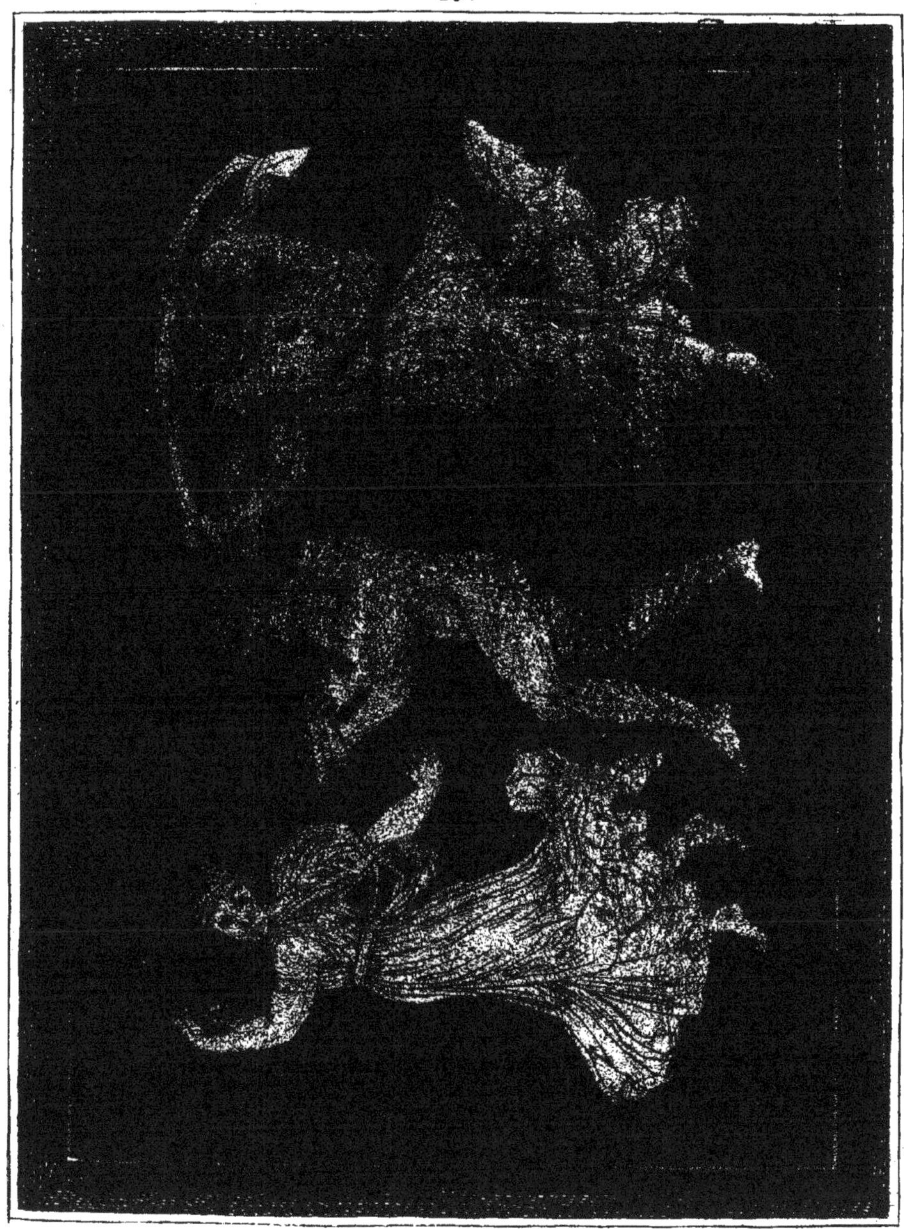

14.

Tom. V.

15

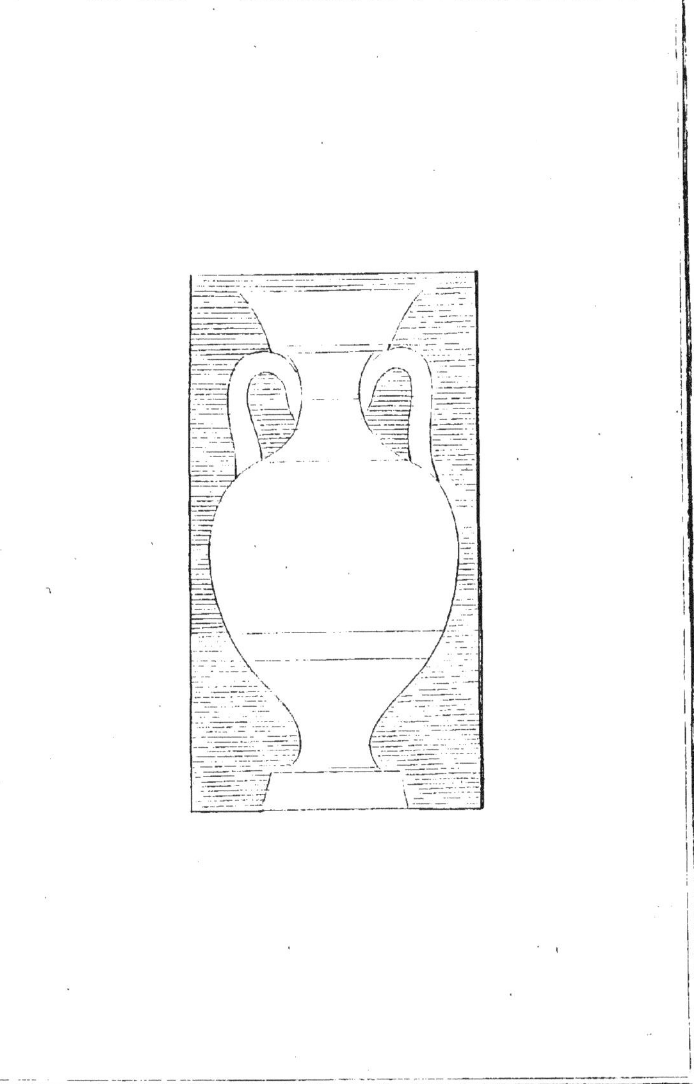

Tom. V.

16.

Tom. V.

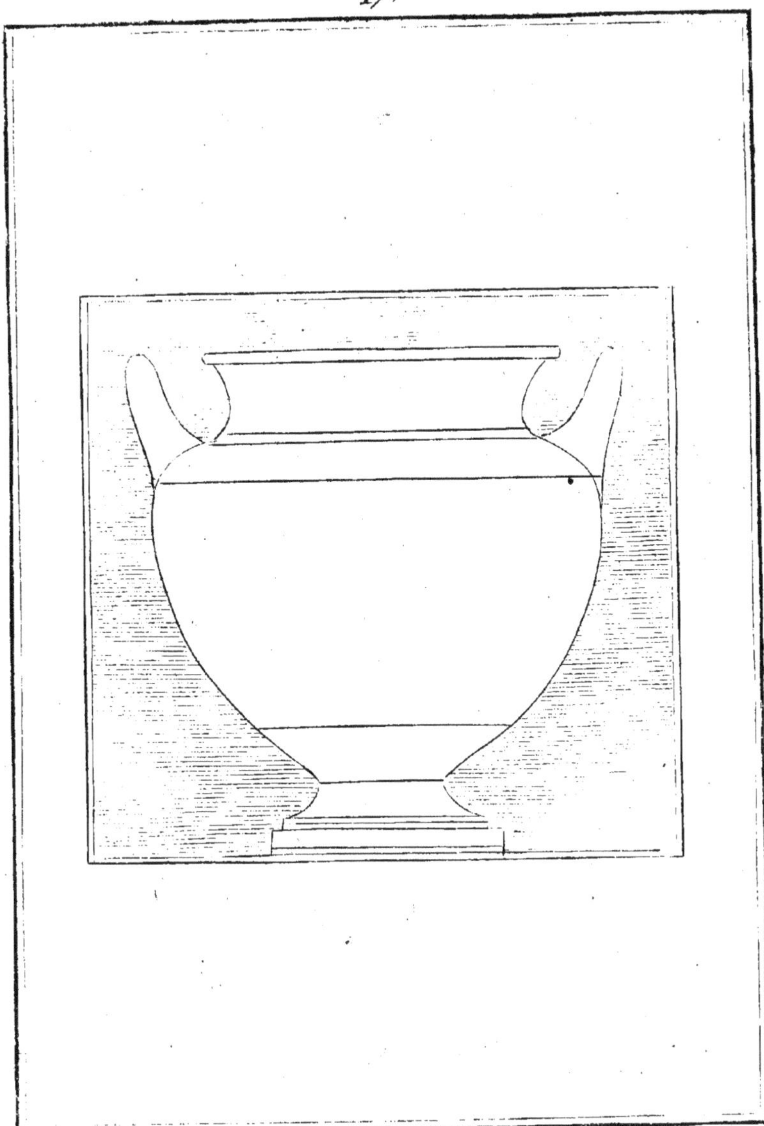

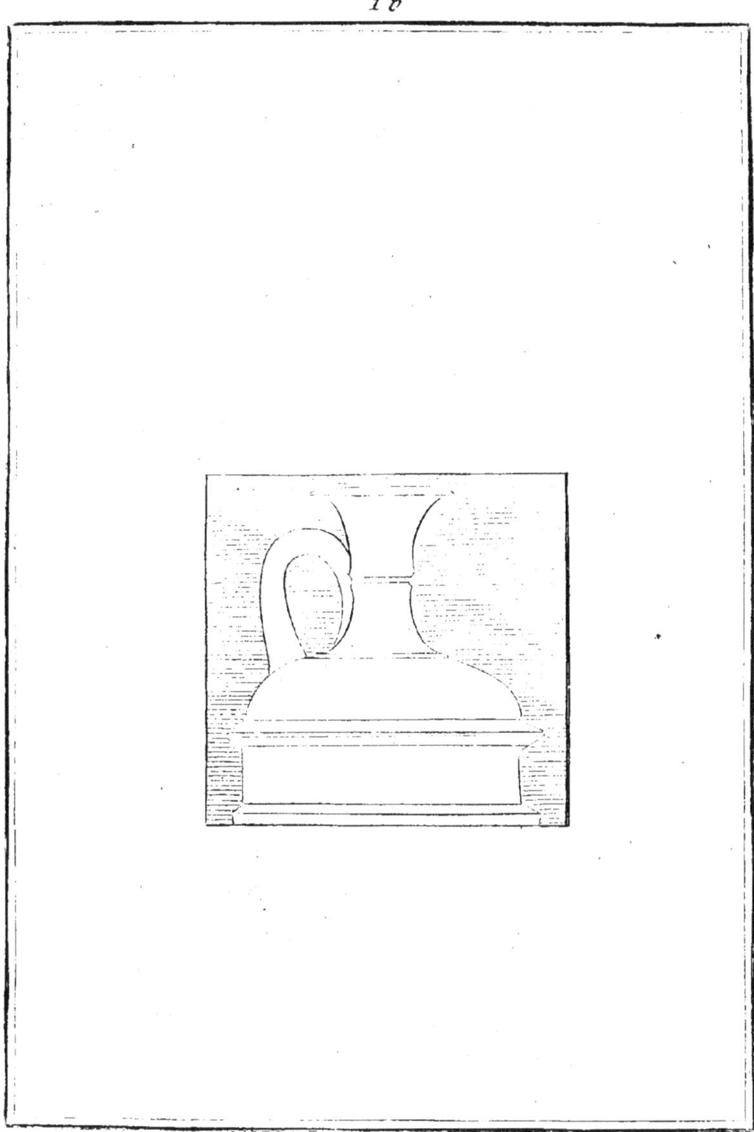

Tom. V.

19.

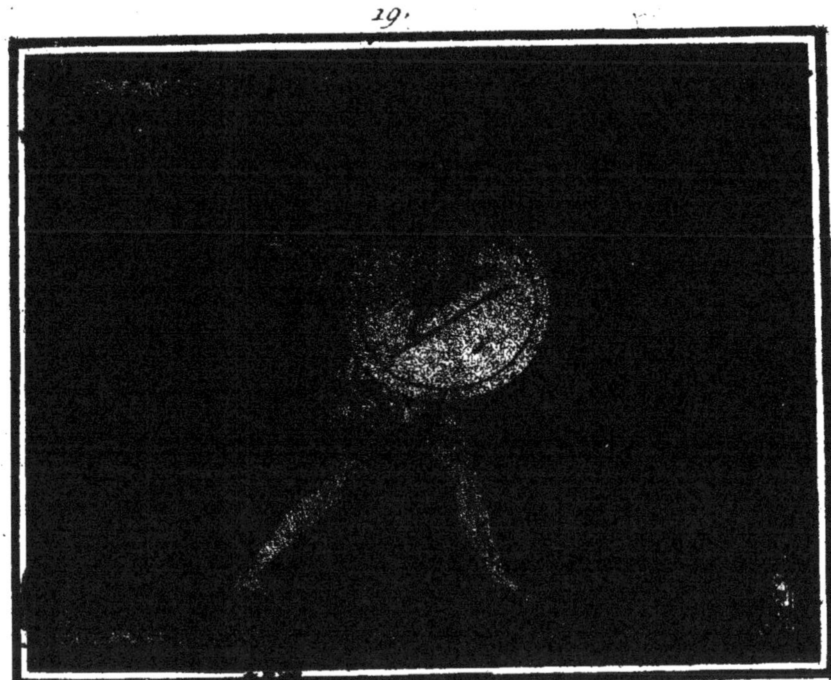

Tom. V.

Tom. V.

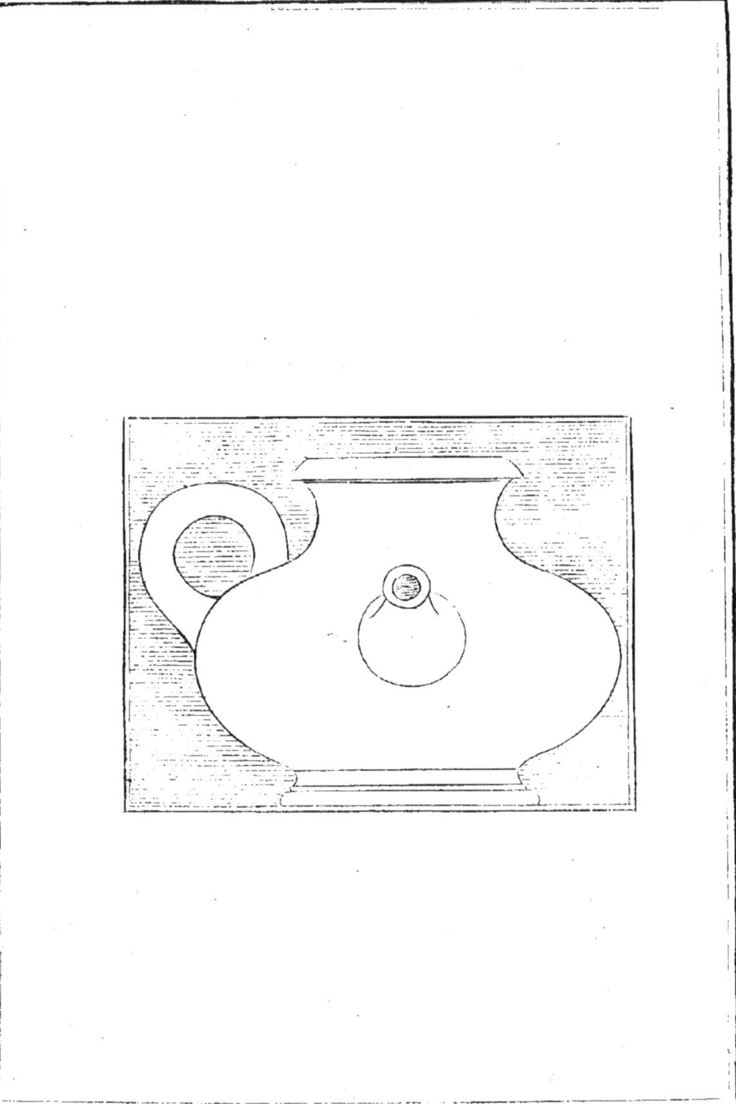

22.

Tom. V.

23.

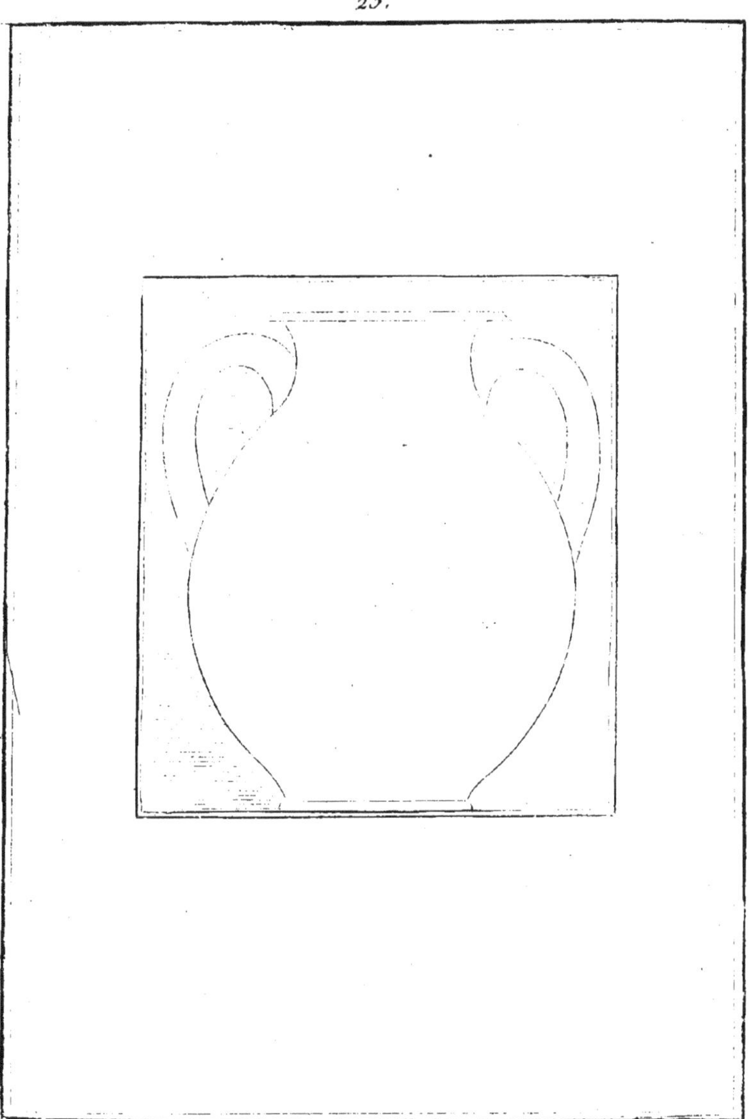

Tom. V.

25.

Tom.V.

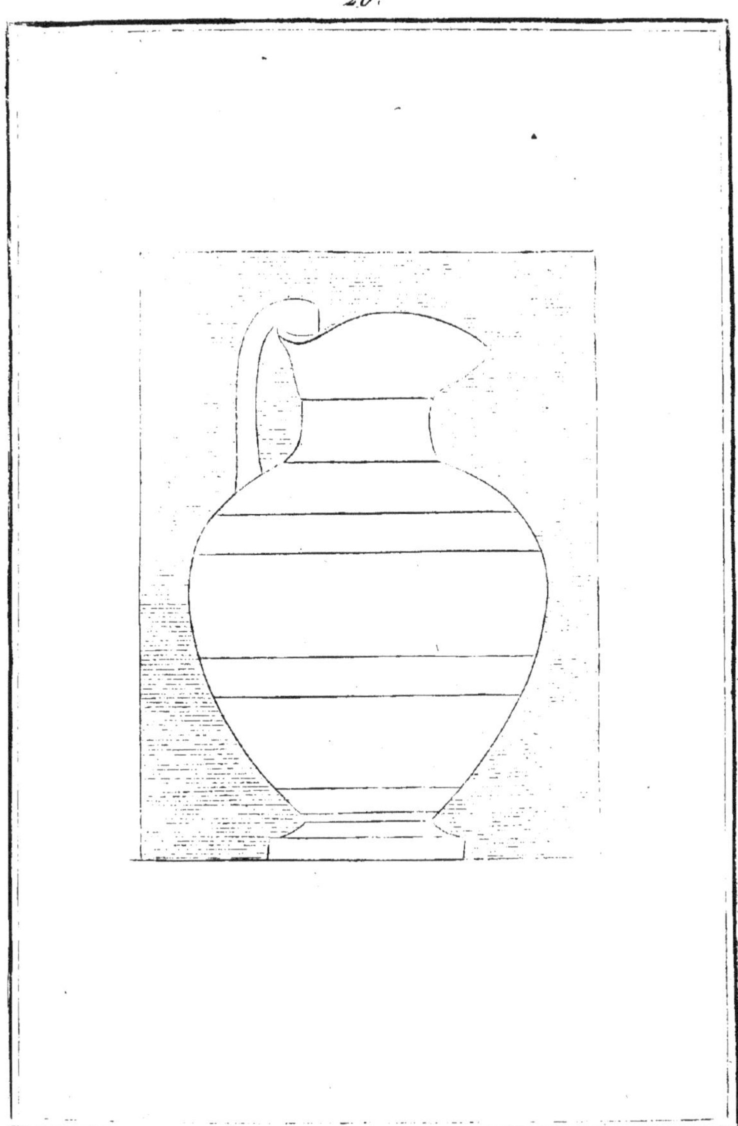

Tom. V.

28.

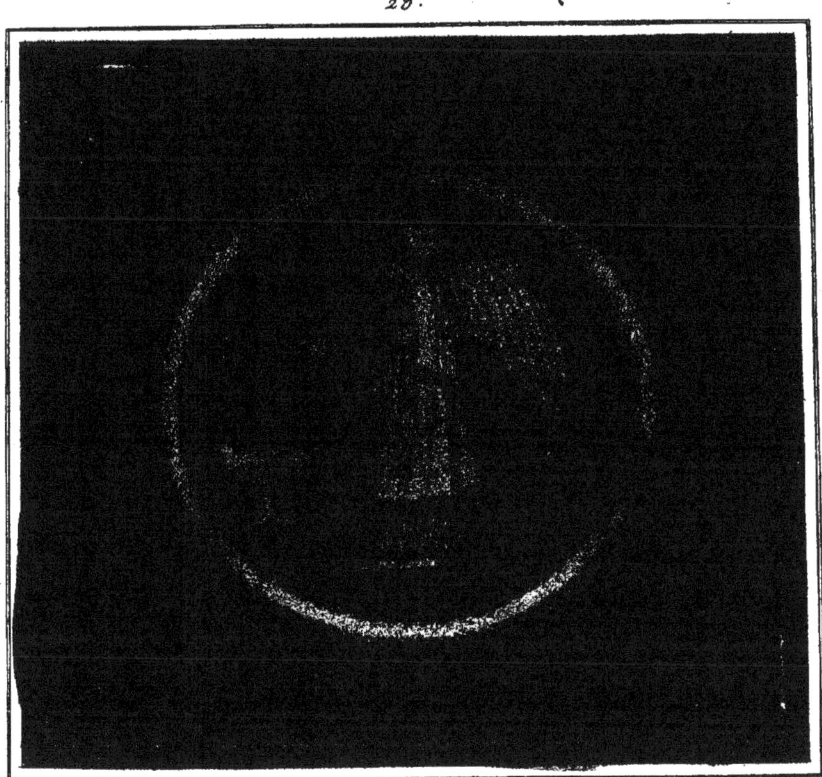

Tom. V.

29.

Tom.V.

Tom. V.

31.

Tom. V.

33.

Tom. V.

34

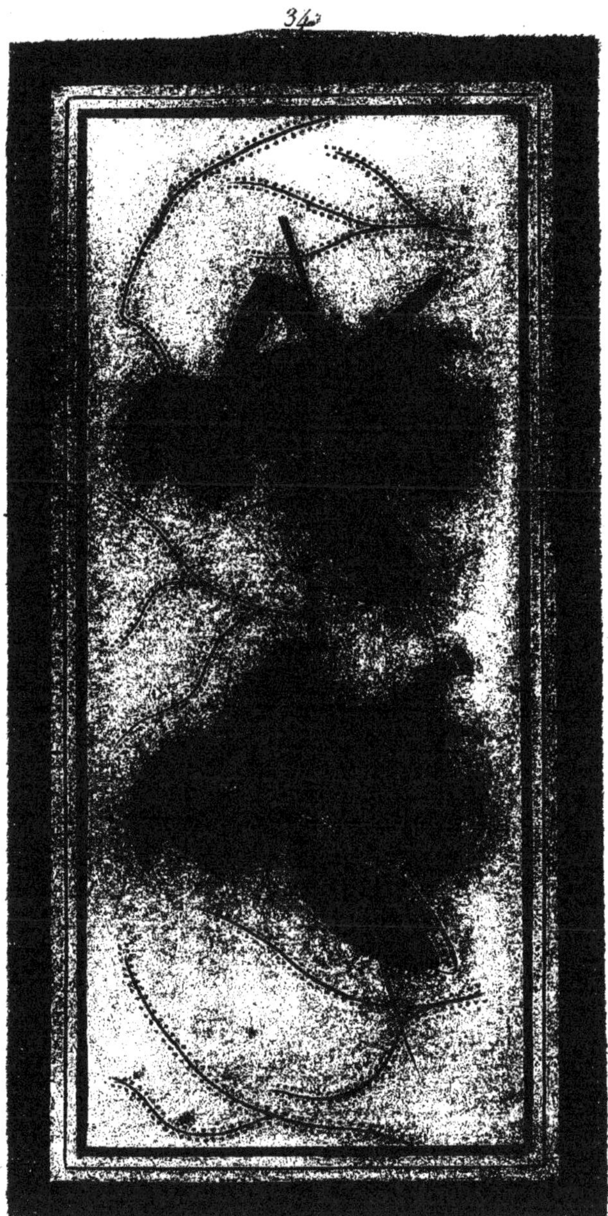

Tom.V.

Tom. V.

Tom. V.

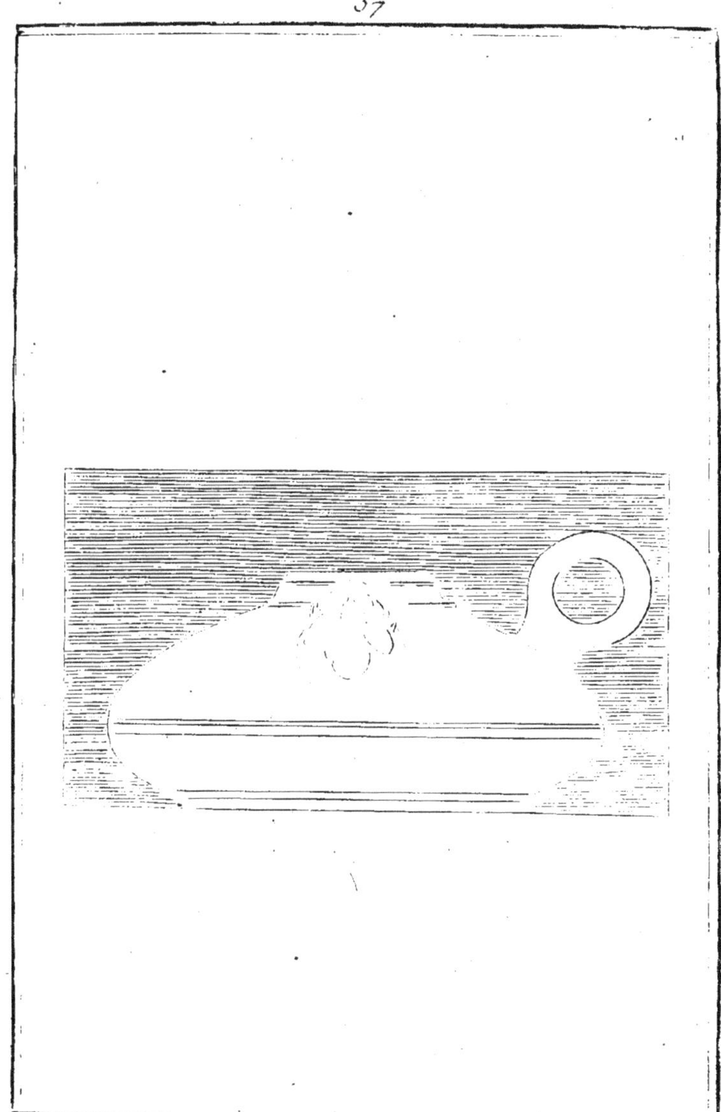

Tom. V.

38.

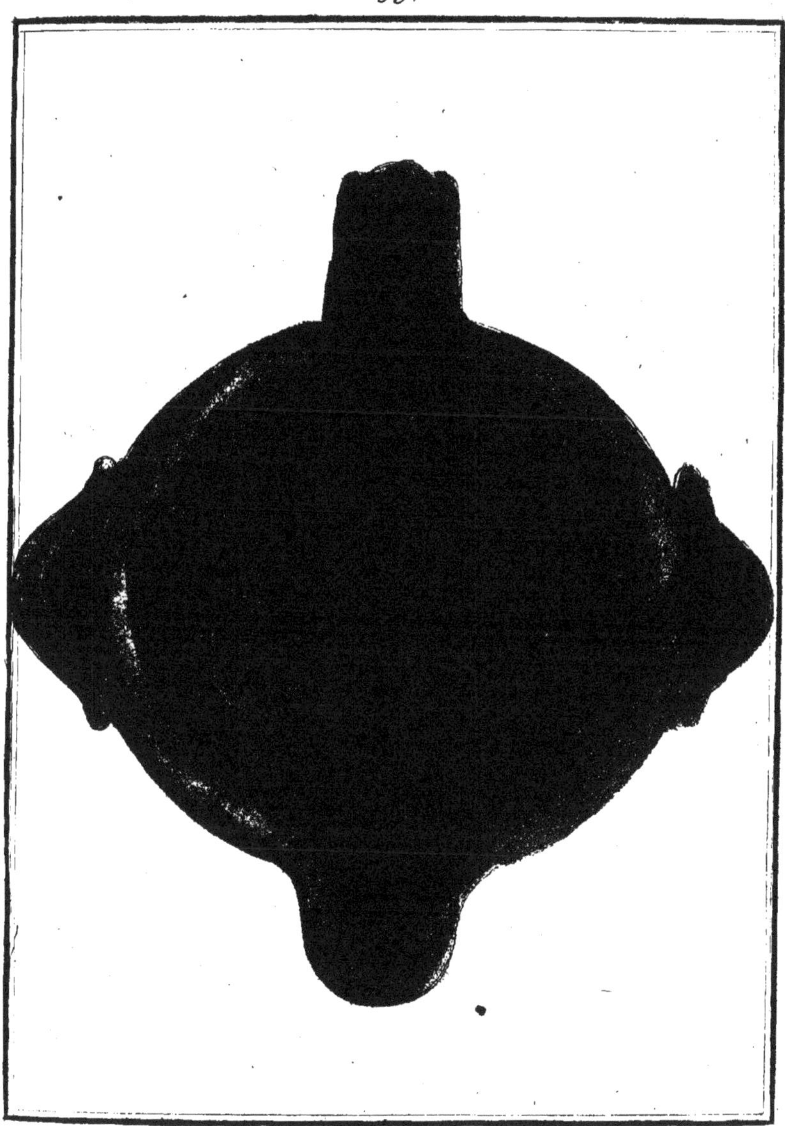

Tom. V.

39.

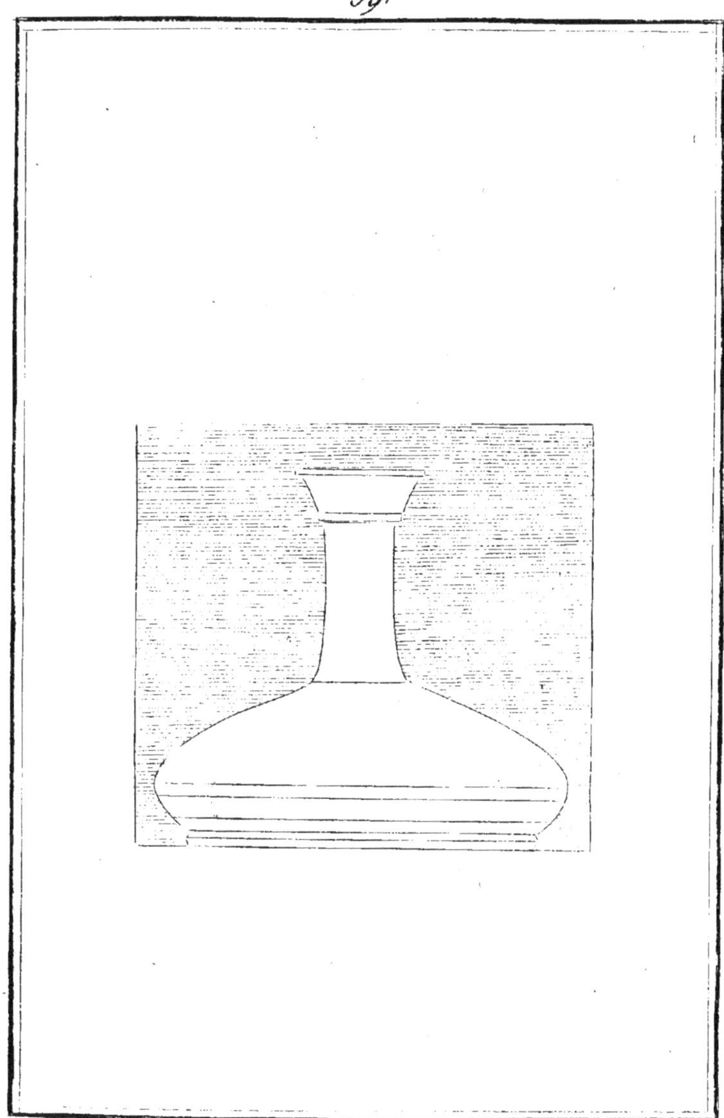

Tom. V.

41.

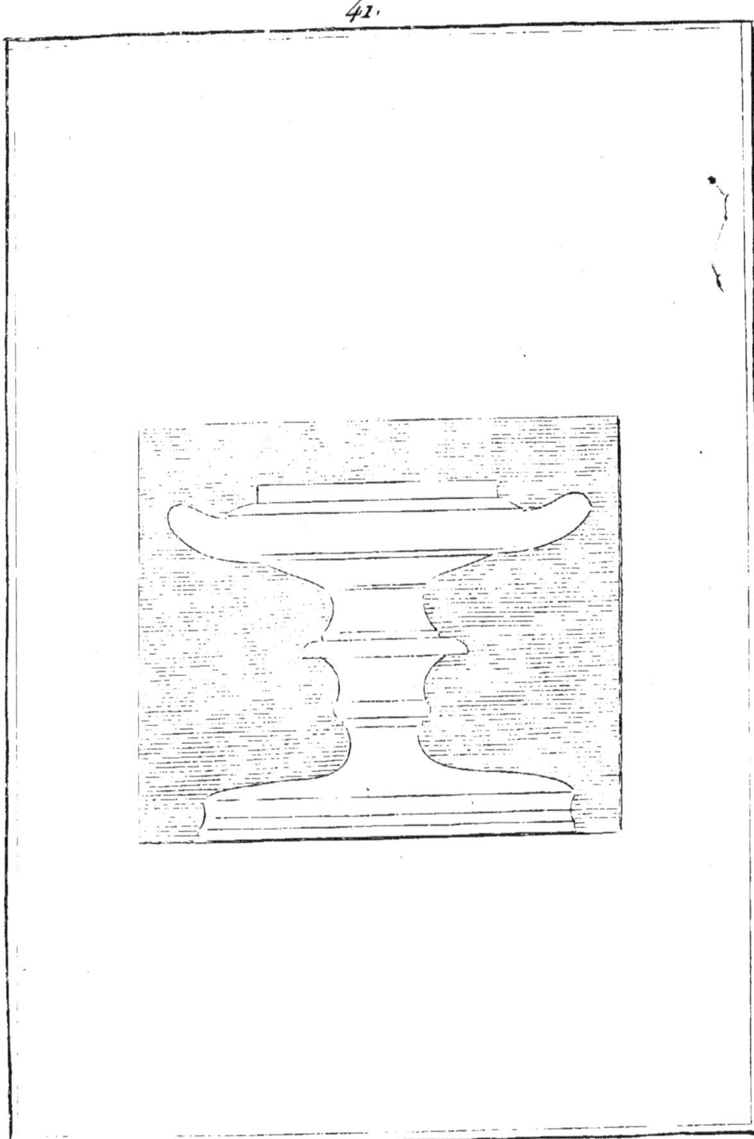

Tom. V.

42.

Tom. V.

43.

Tom. V.

44.

Tom. V.

45.

Tom. V.

46.

Tom. V.

47.

Tom. V.

48.

Tom.V.

49.

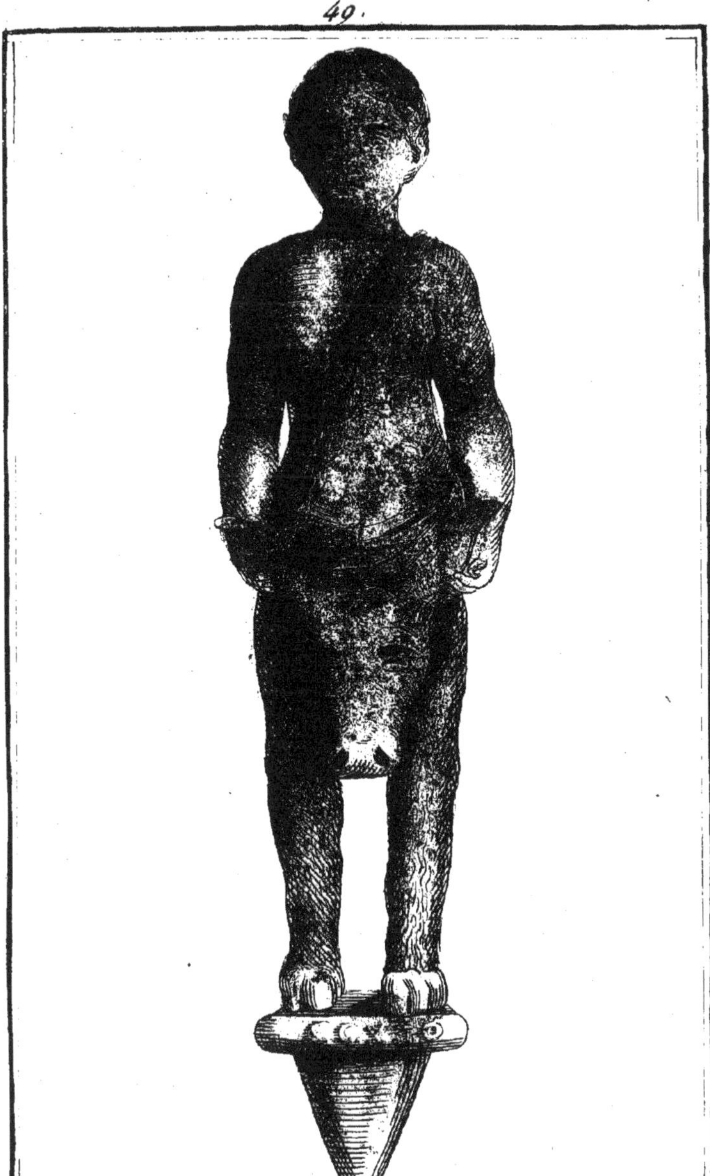

Tom. V.

50.

Tom.V.

51.

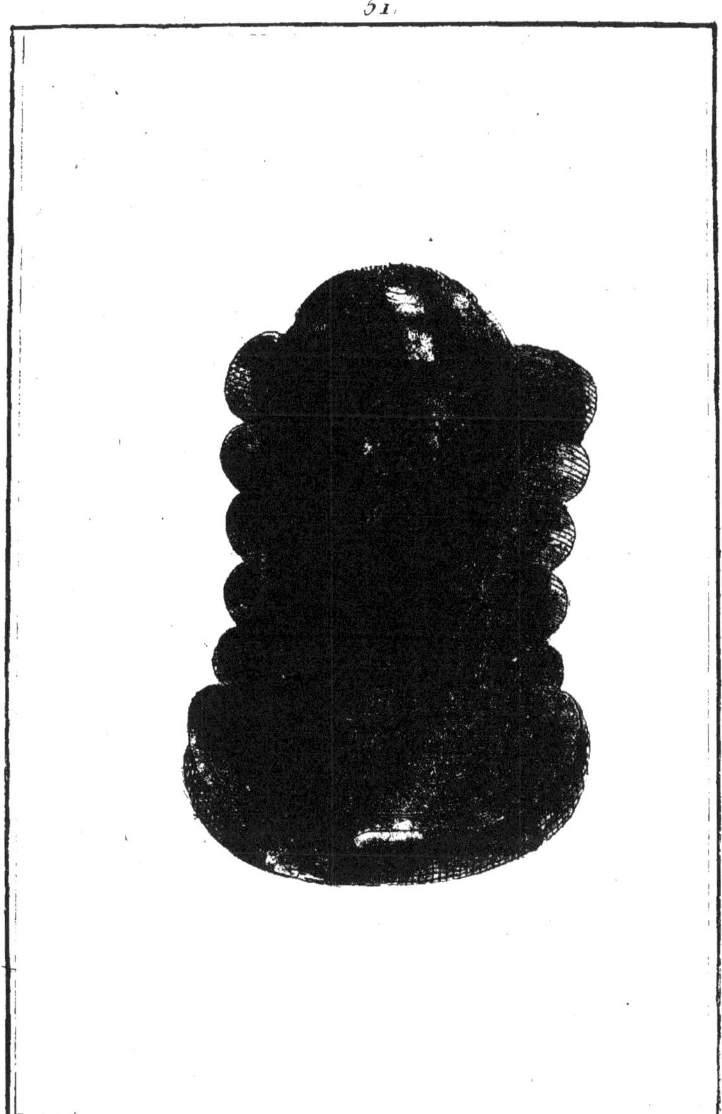

Tom. V.

53.

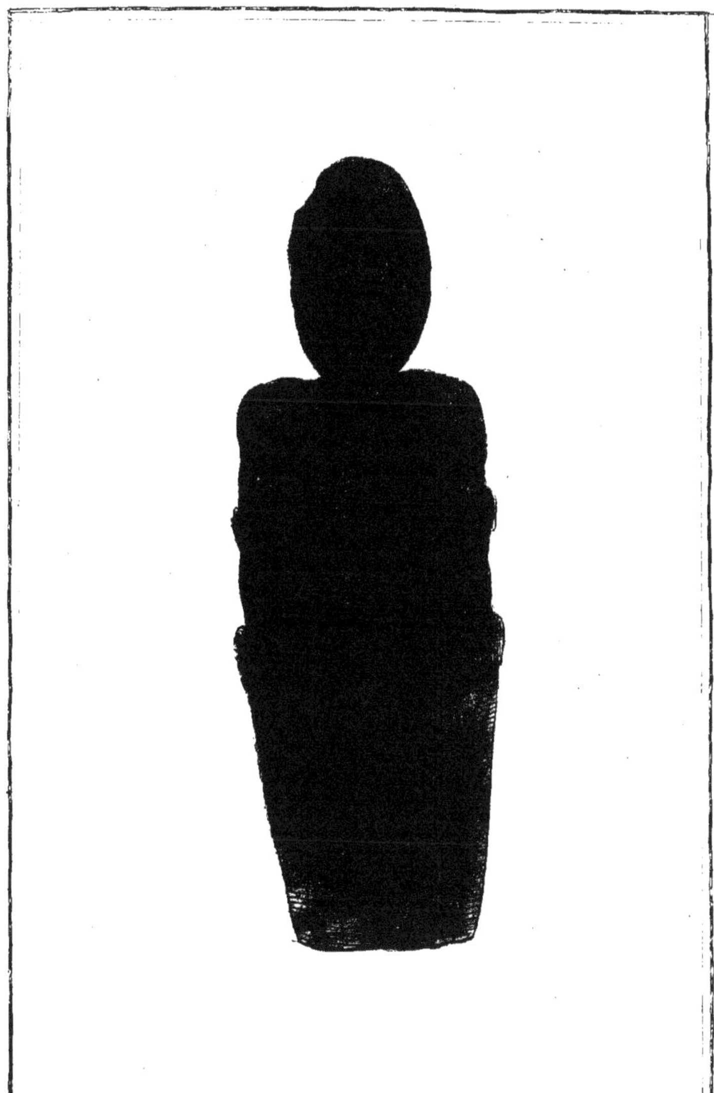

Tom. V.

54.

Tom. V.

Tom. V.

56.

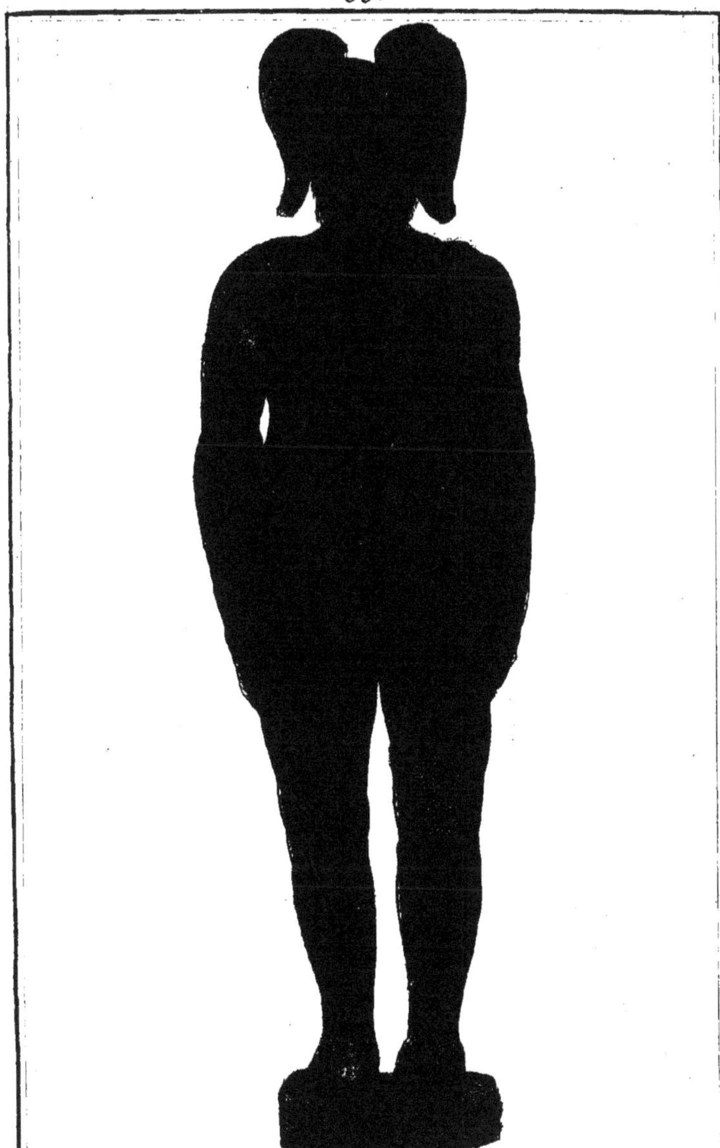

Tom. V.

57.

Tom. V.

58.

Tom. V.

60.

Tom. V.

61.

Tom. V.

Tom.V.

63.

Tom. V.

64.

Tom.V.

65.

Tom.V.

66.

Tom. V.

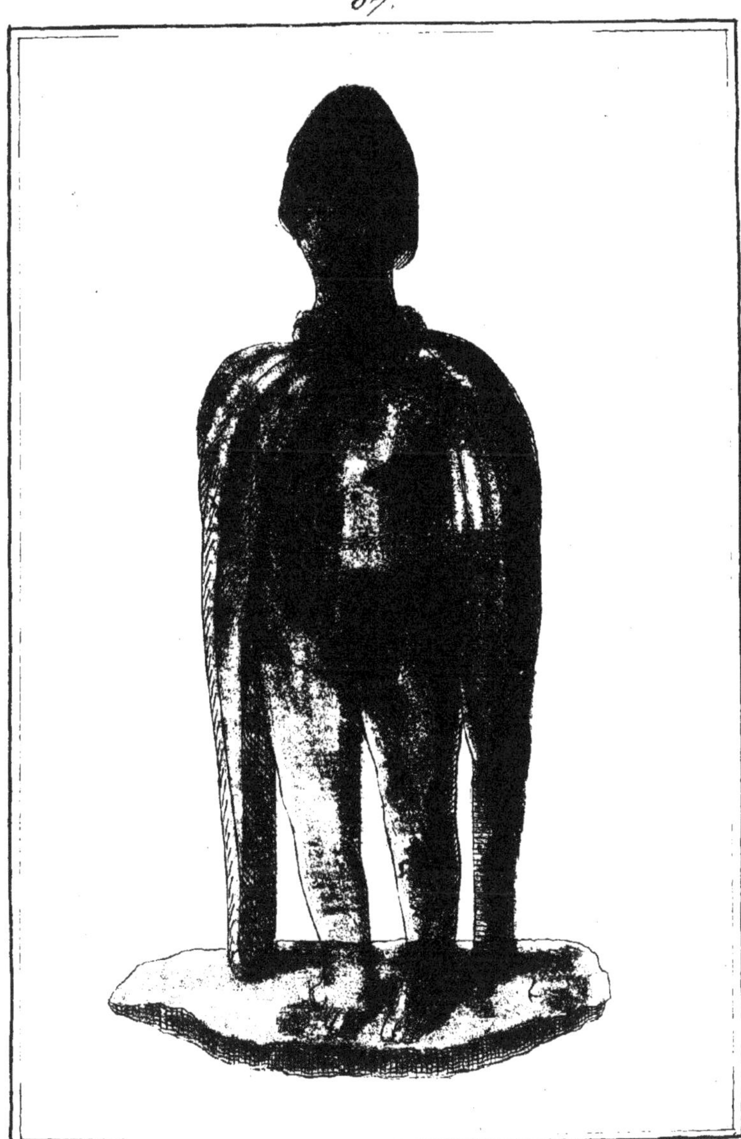

Tom.V.

68.

Tom. V.

69.

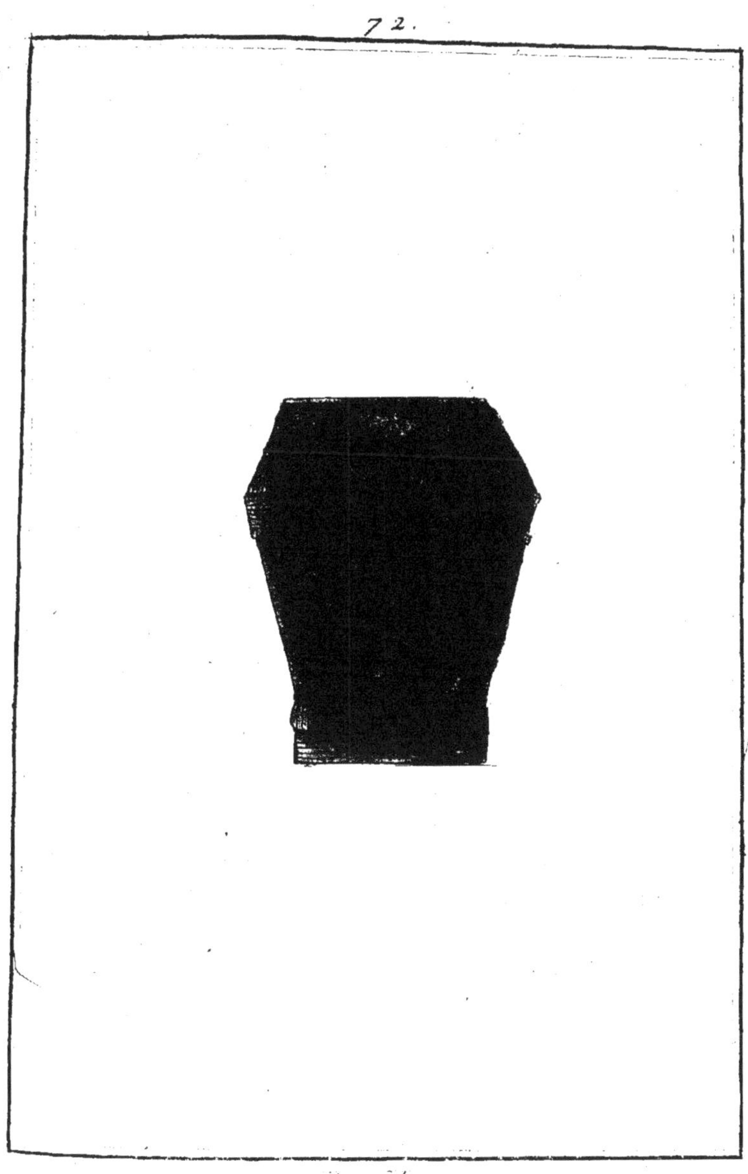

www.ingramcontent.com/pod-product-compliance
Ingram Content Group UK Ltd.
Pitfield, Milton Keynes, MK11 3LW, UK
UKHW021130260726
13994UKWH00001B/86